Soziologie der Würde

Friedrich W. Stallberg

Soziologie der Würde
Eine Einführung in ihre Problemzugänge, Analysen und Befunde

Friedrich W. Stallberg
Lünen, Deutschland

ISBN 978-3-658-40207-5   ISBN 978-3-658-40208-2 (eBook)
https://doi.org/10.1007/978-3-658-40208-2

Die Deutsche Nationalbibliothek verzeichnet diese Publikation in der Deutschen Nationalbibliografie; detaillierte bibliografische Daten sind im Internet über http://dnb.d-nb.de abrufbar.

© Der/die Herausgeber bzw. der/die Autor(en), exklusiv lizenziert an Springer Fachmedien Wiesbaden GmbH, ein Teil von Springer Nature 2023
Das Werk einschließlich aller seiner Teile ist urheberrechtlich geschützt. Jede Verwertung, die nicht ausdrücklich vom Urheberrechtsgesetz zugelassen ist, bedarf der vorherigen Zustimmung des Verlags. Das gilt insbesondere für Vervielfältigungen, Bearbeitungen, Übersetzungen, Mikroverfilmungen und die Einspeicherung und Verarbeitung in elektronischen Systemen.
Die Wiedergabe von allgemein beschreibenden Bezeichnungen, Marken, Unternehmensnamen etc. in diesem Werk bedeutet nicht, dass diese frei durch jedermann benutzt werden dürfen. Die Berechtigung zur Benutzung unterliegt, auch ohne gesonderten Hinweis hierzu, den Regeln des Markenrechts. Die Rechte des jeweiligen Zeicheninhabers sind zu beachten.
Der Verlag, die Autoren und die Herausgeber gehen davon aus, dass die Angaben und Informationen in diesem Werk zum Zeitpunkt der Veröffentlichung vollständig und korrekt sind. Weder der Verlag, noch die Autoren oder die Herausgeber übernehmen, ausdrücklich oder implizit, Gewähr für den Inhalt des Werkes, etwaige Fehler oder Äußerungen. Der Verlag bleibt im Hinblick auf geografische Zuordnungen und Gebietsbezeichnungen in veröffentlichten Karten und Institutsadressen neutral.

Planung/Lektorat: Katrin Emmerich
Springer VS ist ein Imprint der eingetragenen Gesellschaft Springer Fachmedien Wiesbaden GmbH und ist ein Teil von Springer Nature.
Die Anschrift der Gesellschaft ist: Abraham-Lincoln-Str. 46, 65189 Wiesbaden, Germany

*Ein blinder Mann erwacht aus der
Trance Steckt beide Hände in die Taschen
des Zufalls Hofft auf einen einzigen
Umstand Von Würde*

Bob Dylan 2004

*Normalerweise war er darauf
vorbereitet, was passieren konnte, und
vermochte seine Vorkehrungen zu treffen,
aber in diesem Chaos aus Dingen und
Menschen, ständigen Remplern, hitzigen
Blicken, gierigen Fingern und Träumen
von leicht verdientem Geld konnte
jegliche Würde von einem Moment zum
nächsten dahin sein*

Karl Ove Knausgard 2007

*Würde, dieses zerbrechliche und sich
selbst nicht sichere Gefühl. Sie verlangt*

nach Gesten der Bestätigung. Entwürdigt fühlen sich die Menschen vor allem dann, wenn sie sich als quantité negligeable, als bloßes Element politischer Buchführung und damit als ein stummer Gegenstand politischer Verfügungen vorkommen.
Didier Eribon 2016

Sie (die Würde, F. S.) beinhaltet zwei Ideen: Erstens die Selbstachtung, das Bewusstsein darüber, dass das eigene Leben objektiv wichtig ist. Damit geht eine Verantwortung einher: zu identifizieren, was eine gelungene Lebensführung bedeutet und zu versuchen, so zu leben. Zweitens die Authentizität, nämlich dass Menschen eine Verantwortung haben, das gute Leben für sich zu definieren und nicht die Definition anderer zu übernehmen.
Ronald Dworkin 2012

Die Erfahrung verletzter Menschenwürde hat auch eine Entdeckungsfunktion – etwa angesichts unerträglicher sozialer Lebensverhältnisse und der Marginalisierung verarmter sozialer Klassen, angesichts der Ungleichbehandlung von Frauen und Männern am Arbeitsplatz, der Diskriminierung von Fremden, von kulturellen, sprachlichen, religiösen und rassischen Minderheiten, auch angesichts der Qual junger Frauen aus Immigrantenfamilien, die sich von der Gewalt eines traditionellen Ehrenkodexes befreien müssen; oder angesichts der brutalen Abschiebung von illegalen Einwanderern und Asylbewerbern

Jürgen Habermas 2010

Inhaltsverzeichnis

1 Einleitung 1

Teil I Würde in der Soziologie – soziologische Begegnungen mit der Würde

2 Soziologische Zugänge zur Würde 13
 2.1 Peter L. Berger: Würde als moderne Nachfolgerin
  der Ehre 13
 2.2 Angelika Poferl: Würde als Kategorie moralischen und
  ethischen Wissens 15
 2.3 Niklas Luhmann: Würde als Problem der individuellen
  Selbstdarstellung 16
 2.4 Gesa Lindemann: Würde als Privileg des
  „biologisch-lebendigen" Menschen 17
 2.5 Hans Joas: Menschenwürde als Heiligkeit der Person ... 18
 2.6 Axel Honneth: Würde als Strukturelement sozialer
  Anerkennungsverhältnisse 19
 2.7 Boike Rehbein und Jesse Souza: Würde als Prozedur der
  Herstellung von gesellschaftlicher Ungleichheit 20
 2.8 Pekka Himanen: Würde als Entwicklungsmaßstab der
  Informationsgesellschaft 21
 2.9 Randy Hodson: Würde und Widerstand 22
 2.10 Sighard Neckel: Beschämung und Würde 23
 2.11 Steven Hitlin und Matthew A. Andersson: Würde als
  moralische Motivation 24
 2.12 Nora Jacobson: Würde als Produkt sozialer Begegnungen 25

3	Würde in der Soziologie der Menschenrechte	27
3.1	Anthony Woodiwiss: Macht und Menschenrechte	28
3.2	Judith Blau und Louis E. Esparza: Menschenrechte als Widersacherinnen des Neoliberalismus	30
3.3	William T. Armaline, Davita Silfen Glasberg und Bandana Purkayastha: Menschenrechte als soziales Unternehmen	31
3.4	Bryan H. Turner: Menschenrechte zwischen Verwundbarkeit und Prekarität	31
3.5	Bettina Heintz: Menschenrechte als globale Wertekommunikation	32

4	Soziologisch anregende Beiträge der Würdephilosophie	35
4.1	Peter Bieri: Würde als Lebensform	36
4.2	Eva Weber-Guskar: Würde als Haltung	36
4.3	Avishai Margalit: Würde als verkörperte Selbstachtung	37
4.4	Pablo Gilabert: Würdephilosophie „dignitaristisch"	38
4.5	Seyla Benhabib: Würde diskurstheoretisch	38

Teil II Die soziale Welt der Würde

5	Würde als Thema sozialen Handelns	43
5.1	Begriffsbestimmung der Würde	45
5.2	Würde und Selbstachtung	48
5.3	Erscheinungsformen der sozialen Würde	49
5.4	Würde und Emotionalität	50
5.5	Respekt, Anerkennung und Wertschätzung als Formen von zwischenmenschlicher Würdigung	53
5.6	Würde als Produkt sozialer Interaktion	56

6	Würde als kultureller Wert	59
6.1	Steckbrief der Wertwürde	60
6.2	Die menschenrechtliche Würdeetablierung	61
6.3	Würde im Spiegel offiziell-öffentlicher Dokumente	62
6.4	Der Wert Würde im Durchsetzungsprozess: Akteurinnen, Ideen und Kampagnen	64

Teil III Die Entwürdigungsgesellschaft

7	Zur Bedeutsamkeit von Entwürdigung	73

8	**Entwürdigung in begrifflicher Perspektive**	75
9	**Dimensionen der Entwürdigung**	77
10	**Entwürdigungsbedingungen im Wandel**	81
11	**„Königswege" der Entwürdigung**	83
11.1	Demütigung	83
11.2	Beschämung	87
11.3	Degradierung	92

Teil IV Zentrale Problemfelder der Würde

12	**Aktuelle Entwicklungen der Würdefrage**	99
13	**Würde und Würdeverfall in biografischen Grenzsituationen: schwerkrank, pflegeabhängig, sterbend sein**	103
13.1	In Würde sterben	105
13.2	Würde als Bedingung guten Sterbens	107
13.3	Ansätze zur Arbeit an der Würde des Sterbens	109
13.4	Pflegewürde als Problem	112
13.5	Förderung der Pflegewürde	115
14	**Würdeanspruch und Würdestress als Problem der Arbeitswelt**	119
14.1	Thematisierungen und Problemzugänge	119
14.2	Was Arbeitswürde ausmacht	122
14.3	Bedingungen der Entstehung und Schädigung von Arbeitswürde	124
14.4	Würdemanagement in der Arbeitswelt – eine humanistische Sicht von oben	127
15	**Armut als Würdeverletzung**	129
15.1	Erklärungen der Entwürdigungsfunktion von Armut	130
15.2	Armutsbedingte Würdekonflikte und Würdebeschädigungen als Gegenstand empirischer Forschung	132

Legitimatorische Schlussbemerkungen: Die Allgegenwart der Entwürdigungsgesellschaft ... 135

Literatur ... 139

Einleitung 1

Würde bezeichnet seit einigen Jahren erst, aber schon ganz unwiderruflich, einen zentralen Leitwert der globalen Zivilgesellschaft. Er verbindet sich vor allem mit den normativen Ideen der Heiligkeit, Autonomie, Personalität, Achtung und Identität als wirklich edlen Verbündeten. Menschenwürde verkörpert so etwas wie die moralische Dimension globaler Existenzprobleme – ob nun Demokratieverfall, Erderwärmung und Artenschwund, problematische Ungleichheit und Ungerechtigkeit, Pflegenotstand, Krieg, Folter oder Terrorismus. Sie stellt eine Chiffre für das Gute und Gerechte in der Welt zur Verfügung, umschreibt in den vielen sie inzwischen enthaltenden Konventionen und Dokumenten Zustände, die unter allen Bedingungen vor Angriff und Verlust geschützt werden oder im Fall fehlender Geltung herbeigeführt werden müssen. Menschenwürde ist aufgrund der hohen Bedingungen ihrer Gewährung und ihrer ganz besonderen Verletzlichkeit stets auch Konfliktgegenstand und lässt die von ihrer Bedeutsamkeit Überzeugten das 21. Jahrhundert als permanenten Kampf um Würde und Status (Goodheart 2020) betrachten.

Der soziale Code Würde bietet sich offenkundig als verlässliche Brücke zwischen den noch anerkannteren Menschheitsidealen wie Freiheit, Frieden und Gerechtigkeit und den neu zur Geltung gelangten Werten wie Diversität und Nachhaltigkeit an. Und er ist von seiner Entstehung an ein ethnische und nationale Grenzen überschreitender und damit im besten Sinne kosmopolitisches Bewusstsein schaffender Wert.

In der fachlichen Deutung erscheint Würde, das Herz der Menschenrechte, als nach Auflösung oder nur Schwächung traditioneller politischer und religiöser Sinngebungen wichtigste Stifterin der weltgesellschaftlichen Moral, als die letzte verbliebene, wenngleich ganz konkrete Utopie (Habermas 2010; Moyn 2018), die als das Ideal einer gerechten Gesellschaft institutionell verankert und ausbuchstabiert ist. Oder aber, abwertend beschrieben, als autonome „Quasi-Religion" im Sinne einer expandierenden Würdegläubigkeit (Schreiber 2013). Würdeparadigma und Würdewelt entspringen mehreren, zeitlich zusammenfallenden und sich gegenseitig stärkenden Entwicklungen. Zuerst sicherlich verdanken sie ihre aktuelle Bedeutsamkeit der nach dem 2. Weltkrieg einsetzenden Menschenrechtsrevolution. Würde ist in mehrfacher Hinsicht mit den Menschenrechten verbunden oder verbindbar, als Legitimation und grundlegendes normatives Prinzip, Zielwert politischer, sozialer und kultureller Menschenrechte, aber auch als eigenständiges Recht von Personen, über ihre Subjektivität zu verfügen. Gerade die gesellschaftliche Bedeutsamkeit der Würde ruht darüber hinaus im Wertewandel mit dem vielfach beschriebenen Aufstieg von Werten der individuellen Selbstverwirklichung wie Achtung, Authentizität und Autonomie, der Demokratisierung und Normalisierung von subjektiven Ansprüchen auf Respekt und Wertschätzung als nun unabhängig von Status, Macht und Reichtum zugestandener Ehre für alle, dem gewandelten Verständnis des objektiven wie subjektiven Sinns von Arbeit und Beruf, und schließlich der Humanisierung lebensgeschichtlicher Grenzsituationen wie emotionaler Bedürftigkeit, ökonomischem Mangel, Krankheit und Sterben.

Im Alltag der Gegenwartgesellschaft tritt Würde als normativ verankerter Wunsch oder Anspruch fortwährend als bewusstes und nach außen vertretenes Handlungsmotiv auf, das freilich ganz unterschiedlich erfahren und gedeutet wird. Es wird in sozialen Beziehungen darum häufig zum Thema, weil das Geforderte nicht gewährt, entzogen und beschädigt wird. Zumeist verbindet sich der individuelle Würdeanspruch mit dem Streben nach Respekt und Wertschätzung und wird von diesen Konzepten überlagert. Diese sind im öffentlichen Austausch über Achtungsfragen derzeit erste Wahl, während Würde als die „existentiellere" Kategorie zwar den Hintergrund bildet, indes eher für Ausnahmesituationen reserviert bleibt. Darüber hinaus hat Würde die sprachliche Zuständigkeit für einen durch die starke Normierung von Rollenverhalten bestimmten Realitätsausschnitt, der sich durch die kritische Prüfung der jeweiligen situativen Angemessenheit von Gefühlsbezeugung, Gesten und Wortwahl auszeichnet. Sei es als Handeln wahrer „Würdenträger" bei öffentlichen Auftritten wie etwa dem Besuch von Opfern und von Katastrophenorten, Gedenkfeiern und Schlachtfeldern, Besorgnisbekundungen in Pressekonferenzen oder nur privates Sich-Bewähren-Müssen bei Anlässen mit zeremonieller Bedeutung.

Längst besteht eine, wissenschaftliche Netzwerke, Stiftungen („Global Dignity"), soziale Initiativen, („Dignity for all", „Würdekompass"), und (übergreifend Amnesty International, Oxfam) viele, häufig publizistisch tätige, Einzelpersonen

1 Einleitung

umfassende, humanistische Würde-Community, die sich mitunter kämpferisch als „dignitaristisch" oder „dignistisch" versteht und sich in verschiedenen Formen dem Schutz und der Verbreitung von Würde verschrieben hat. Als Deklaration ihrer Verbindlichkeit (Hicks 2011), moralischer Feldzug gegen Demütigung als „Würdezerstörer" (Lindner 2020) oder auch, soziologisch besonders interessant, der Grundsatzkritik am würdebehindernden „Rankismus" (Fuller und Gerloff 2008). Bescheidene Ansätze zu einer Würdebewegung sind auch in Deutschland erkennbar, wo vornehmlich eine Wiederbelebung von Würde als Wertorientierung (Hüther 2018) oder individuelles Bewusstsein (Baer 2018) angestrebt oder ständige Angriffe auf sie, sei es auf Systemebene (Welzer und Friedmann 2020), sei es auf der Ebene gebrochener Lebensläufe (Steinbrecher 2019) entdeckt werden.

Auch wissenschaftlich hat Würde als kontrovers diskutierte Idee und Wirklichkeit eine höchst erfolgreiche Karriere gemacht. Und sie hat international höchst angesehene und einflussreiche Denkerinnen und Denker – zumeist aus der Moral- und Sozialphilosophie – zur Analyse ihrer Natur und ihrer Probleme herausgefordert. Ich nenne nur Martha Nussbaum, Ronald Dworkin, Richard Sandel, Seyla Benhabib und speziell im deutschsprachigen Diskurs Peter Bieri, Jürgen Habermas, Axel Honneth, Hans Joas, Oskar Negt. Ähnlich prominente Wissenschaftler wie Francis Fukuyama wählen Würde immerhin als programmatische Leitidee, die vorausgesetzt und nicht selbst bearbeitet wird. Oder begegnen ihr kurz bei der Klärung naheliegender Umstände wie Richard Sennett bei der Analyse des Verhältnisses von Respekt und Ungleichheit.

Die große wissenschaftliche Bedeutsamkeit des Prinzips Würde wird eindrucksvoll durch seine Verankerung in einer Vielfalt von Diskursen zu aktuellen Streitfragen im Spannungsfeld von Identität und Interaktion dokumentiert. Wir finden die Würdefrage in biowissenschaftlichen Kontroversen über Klonen und genetische Diagnostik, in der Medizin im Gespräch über Organtransplantation und Patientenautonomie, bei der Thematisierung des Geschlechterverhältnisses:Gleichberechtigung, Genitalverstümmelung, sexuelle Gewalt, Prostitution, in der Wissensproduktion über Alter und Sterben: Demenz, Pflegebedürftigkeit, Sterbebegleitung und Sterbehilfe, im Diskurs über Tierrechte: Massentierhaltung, Tierversuche, bei der Bewertung der Folgeprobleme der entfesselten Digitalisierung, schließlich noch in der dauerhaften Debatte über eine humane, respektvolle, Selbstverwirklichung ermöglichende Arbeitswelt (als Überblick Gröschner et al. 2013).

Die genannten Beschäftigungen mit Würde in einer Haupt- oder Nebenrolle berühren über die dazu gehörigen Interventionsfragen natürlich auch die Arena der Politik. Grundsätzlich lässt sich der Wert Würde gerade aufgrund seiner

Weite und Unbestimmtheit offenkundig gut zur Legitimation arbeits-, alters-, gesundheits-, klima-, minderheits- und identitätspolitischer Positionen und Argumente nutzen. Und natürlich kommt er zur Sprache, wenn es um die Frage von Menschenrechtsverletzungen allerorten geht. Sich öffentlich auf eine „anständige Gesellschaft" (Margalit) zu berufen und faire, respektvolle Formen des Umgangs miteinander zu fordern, ist darüber hinaus niemals das falsche.

Gerade neuerdings findet die Würdekategorie eine zunehmende und mitunter auch spektakuläre Verwendung. In den USA scheint Würde zu einem bedeutsamen Thema im Kulturkampf zwischen Demokraten und Republikanern geworden zu sein. Joe Biden forderte bei seiner Amtseinführung seine Landsleute auf, die Geschichte der USA als „Geschichte von Anstand und Würde, Liebe und Heilung, Größe und Güte" fortzuschreiben (SZ 21.01.2021) und ihn an einflussreicher Stelle Beratende legen programmatisch dar, was Würde für Alters- und Armutspolitik bedeutet (Sperling 2020; Poo 2020).

In Deutschland bringt es Würde politisch vor allem in Wahlkampfzeiten zu Ehren. Schon 2017 setzte der damalige SPD-Kanzlerkandidat Schulz in seiner nach starkem Beginn gescheiterten Kampagne auf die Attraktivität der Würdeidee. Und nun ,anlässlich der 21er-Wahl des Bundestags, setzte bei den etablierten Parteien aber auch den Kleinsten wie „Mut" als reiner Würdepartei oder den „Piraten" nahezu ein Wettrennen um das Ernstnehmen von Achtung und Anerkennung ein. Vor allem wieder der „leichtgewichtigere" Respekt wird ständig eingefordert und versprochen. „Respekt für dich" verkündete unübersehbar der aus der Auseinandersetzung als Sieger hervorgegangene Olaf Scholz. Daneben scheint die öffentliche Prüfung des Verhaltens politischer Prominenz auf hinreichende Würdigkeit etwas zu sein, was deren Sympathiewert stark beeinflusst.

Auch in der Soziologie könnte und sollte Würde als Verbindung von Humanität, Personalität und Gesellschaftlichkeit eigentlich ein gewichtiges Thema sein. Etwa innerhalb der Wissens-, Rechts-, Politik- und Emotionssoziologie und, querliegend dazu, der Identitäts-, Sanktions- und Organisationsforschung. Würde wäre auch begrenzt auf ihre Funktion als Basis der universalen Menschenrechte bereits ein Gegenstand, der soziologische Beachtung verdiente. Einfach als normatives Phänomen, welches auch sozial erzeugt ist und ständigem kulturellem Wandel unterliegt, kontroverse Debatten bis hin zu sozialen Konflikten auslöst und vielerlei gesellschaftliche Akteure und Vereinigungen bewegt. Oder speziell als verbindendes Glied der inzwischen weithin institutionalisierten sozialen Menschenrechte auf Gesundheit, Bildung, Nahrung, Wohnen, die ja den Wert mit der gleichen Würde zu leben, mit sozialen Voraussetzungen – etwa der Aufhebung von Armut und Exklusion – verbinden, die diese erst gestatten.

1 Einleitung

In ihrer Verbreitung als sozialer Anspruch, Handlungs- und Streitgrund begründet Würde aber erst recht eine soziologische Mitzuständigkeit. Es lässt sich 1) nach den gesellschaftlichen Bedingungen der Ungleichheit fragen, die ein würdevolles Leben begünstigen oder erschweren, Würdegewinner und -verlierer hervorbringen. Würde kann 2) als gesellschaftliches Konstrukt begriffen werden, als stetem Wandel unterliegender Komplex von Werten, Normen und Handlungskonzepten, die auf besondere Entstehungsbedingungen angewiesen sind und immer wieder neu individuell ausgelegt und umgesetzt werden. Sie bezeichnet 3) eine bedeutsame Orientierung sozialen Handelns, eine existentielle Selbst- und Fremdzuschreibung, die aufgrund ihrer Verletzlichkeit jederzeit beschädigt werden kann. Und 4) wäre auch der Analyse wert, welche informellen und organisierten Aktivitäten in einzelnen Handlungsfeldern zu Würdepflege, -schutz, -etablierung und -wiederherstellung unternommen werden. Eine Soziologie der Würde in diesem Sinne hätte also die gesellschaftlichen Hintergründe der Entstehung, Institutionalisierung, Beanspruchung, Ausübung und Verletzung von Würde zu untersuchen. In meiner persönlichen Sicht bestünde ihre Aufgabe vornehmlich darin, die soziale Dimension der Umstände zu erforschen, die uns erlauben oder daran hindern, würdevoll zu leben und einander achtend und anerkennend zu behandeln.

Eine Soziologie der Würde als eigenständiges Erkenntnisfeld und -unternehmen ist also ohne jeden Zweifel sowohl erforderlich als auch möglich. Die Frage danach, ob es sie schon gibt, lässt sich aber nur mit erheblichen Einschränkungen bejahen. Obgleich Klassiker des Fachs wie Durkheim, Bourdieu und Luhmann durchaus erhellende Kurzbegegnungen mit Würde hatten. Würdesoziologische Forschung wird bislang nur vereinzelt, unregelmäßig und meist wenig ausgearbeitet betrieben. Meine Suche nach ihr hierzulande hat nur eine Handvoll von Beiträgen ergeben, die u. a. von Niklas Luhmann, Angelika Poferl, Gesa Lindemann und Sighard Neckel stammen. Diese Würdeabstinenz gilt auch international. Übergreifende und umfassende Literatur lässt sich, wenn überhaupt, nur äußerst spärlich aufspüren. Das Bild ändert sich allerdings ein wenig, wenn auch die in der Arbeits- und Organisationssoziologie beheimatete Würdediskussion berücksichtigt wird.

Das bislang noch geringe soziologische Interesse an Würdefragen bietet also einer Einführung, wie ich sie hier angehe, keine wirklich solide Grundlage. Ich wage mich an dieses Vorhaben aus zwei Gründen heran: Ich bin davon überzeugt, dass der Gegenstand Würde der soziologisch interessierten Öffentlichkeit im weitesten Sinne eine Menge zu geben hat, es sich also unbedingt lohnt, ihn ins Wissen der Disziplin aufzunehmen. Dass es einen Unterschied macht und die vorhandenen Erkenntnisse vermehrt und auch verändert, wenn wir einen soziologischen Zugang zum Thema Würde herstellen. Und ich vertraue auf die Zuhilfenahme einschlägiger Forschungsergebnisse aus Sozial- und Moralphilosophie, Menschenrechtswissenschaft unterschiedlicher Herkunft, Gesundheits- und Sozialarbeitswissenschaft.

Es geht also darum, noch nicht Verbundenes zusammenzustellen, vor allem außersoziologisch Auffindbares auszuwählen und zur Beantwortung soziologischer Fragen zu nutzen. Meine Einführung in die soziale Welt der Würde ist also notgedrungen integrativer Art. Sie konzentriert sich des Weiteren auf Würde als interaktiv begründete subjektive Erfahrung und nimmt von hier aus sozialstrukturelle und kulturelle Realitäten in den Blick. Das hat seinen vorrangigen Grund im aktuellen Stand der Forschung; es passt aber auch gut zu meiner eigenen Vorliebe für mikrosoziologische Fragestellungen.

Ein wichtiges Kennzeichen meines Textes besteht darüber hinaus in der Verbindung von analytischer Betrachtung und normativem Interesse im Sinne der offenen Parteinahme für Würde. Über sie lässt sich einführend nicht schreiben, ohne für ihre Existenz, ihren Besitz und ihren Erhalt als subjektives und soziales Gut einzutreten und damit auch für eine würdevolle Gesellschaft. Da wir aber ständig auf die Diskrepanz von Sein und Sollen, d. h. die Verweigerung und Schädigung von Würde durch weit verbreitete Verhinderungsbedingungen und Entwürdigungsprozesse stoßen, wird die Soziologie der Würde, ob sie will oder nicht, mit ihrem Fragen nach bedrohter und beschädigter Achtung zu einer kritischen Ermittlerin und auch Beurteilerin. Auch Barbara Misztal (2012) sieht den besonderen Wert des soziologischen Beitrags zur Würdefrage in der Erforschung der interpersonalen und institutionellen Strukturen, die vor aktuellen und möglichen Würdebedrohungen schützen.

Bei meiner Orientierung an der Idee einer erst noch zu entwickelnden normativ engagierten, moralischen und humanistischen Soziologie der Würde habe ich mich aber von der radikalen Soziologie der Menschenrechte in den USA und England anregen und ermutigen lassen. Prinzipiell unterstützt fühle ich mich durch das in den letzten Jahren populär gewordene Programm der öffentlichen Soziologie von Michael Burawoy (2015). Darüber hinaus berufe ich mich aber auch gern auf die tradierte Grenzen zwischen Soziologie und Sozialphilosophie beständig überquerenden Arbeitsweisen, wie sie in Deutschland seit der Etablierung der Frankfurter Schule vor über einem halben Jahrhundert souverän vertreten werden. Über den Anteil von angemessener Normativität in der empirischen Analyse wird ja gerade wieder von zwei soziologischen Autoritäten diskutiert (Reckwitz und Rosa 2021).

Meine Einführung in die soziale Welt der Würde schlägt, durch Sachgründe wie persönliche Vorlieben bedingt, den folgenden Weg ein:

1 Einleitung

Das erste Kapitel gibt einen gerafften Überblick über die für den Text grundlegende Würdeforschung. An vorderer Stelle sind dies die wenigen erklärtermaßen soziologischen Positionen und Perspektiven. Dazu gehören die systemtheoretischen Ansätze von Niklas Luhmann und Gesa Lindemann, das wissenssoziologische Würdekonzept von Peter L. Berger und, als Fortführung, von Angelika Poferl, die Soziologie der Beschämung von Sighard Neckel, die Einordnung von Würde in das Programm der Anerkennungssoziologie von Axel Honneth, die Entstehungsanalysen von Hans Joas, die ungleichheitskritische Thematisierung der Würde von Rehbein und Souza,der entwicklungssoziologische Ansatz von Himanen, die arbeitssoziologische Indienststellung der Würde durch Randy Hodson,schließlich die Aufnahme von Würde in die Forschungsaufgaben der Moralsoziologie bei Hitlin und Andersson. In die Soziologie quasi eingemeindet, wird von mir dann noch die auf Gesundheit und -Sozialwesen bezogene Analyse der sozialen Würde durch Nora Jacobson.

Weil es noch so wenig ausgearbeitete Würdesoziologie gibt, beschreibe ich dann verschiedene Felder der Würdeforschung, auf die sich eine lebensfähige soziologische Würdeanalyse stützen lässt. Das ist zunächst die in den letzten Jahren entstandene Soziologie der Menschenrechte mit Bettina Heintz und Fatima Kastner als deutschsprachigen Vertreterinnen. Deutlich entwickelter ist derzeit schon das nordamerikanische und englische Schrifttum. Aus ihm präsentiere ich den machtsoziologischen Zugang von Anthony Woodiwiss, die radikale Soziologie der Menschenrechte von Judith Blau und Louis E. Esparza, die Sicht von Menschenrechten als soziales Unternehmen von W.T. Armaline u. a. und die normative Soziologie der Verwundbarkeit von Bryan S. Turner.

Nach dieser Verbindung von Würde- und Menschenrechtsforschung bereite ich den Import von soziologisch belangvollen Einsichten und Daten aus den Nachbardisziplinen vor. Aus der einschlägigen Würdephilosophie kommen die Darstellung der Würde als Lebensform von Peter Bieri und als individuelle Haltung von Eva Weber-Guskar, die dignitaristische Problemanalyse von Pablo Gilabert sowie die diskursanalytische Position von Seyla Benhabib ganz kurz zu Wort. Schon vorab fasse ich verschiedene Grenzüberschreitungen zusammen, die eine gewachsene philosophische und menschenrechtswissenschaftliche Offenheit für die soziale Dimension der Würde, jenseits von Begründbarkeitsfragen, dokumentieren.

Nach dem Theorieüberblick im ersten Teil der Einführung folgt der eigentliche Einstieg in die soziale Dimension der Würde. Würde wird als individuelle, in der zwischenmenschlichen oder institutionsinternen Interaktion gewonnene und behauptete normierte Erlebnisweise/Erfahrung bestimmt, die jederzeit von Verletzung bedroht und erst in dieser für Betroffene und Beobachtende richtig sichtbar wird. Würde als Wunsch, Haltung und Gefühl ist fließend, dynamisch, situationsabhängig. Begrifflich steht sie in einem engen und klärungsbedürftigen Zusammenhang mit Achtung, Anerkennung, Respekt und Wertschätzung. Auch die emotionale Dimension der Würde und ihre Verkörperung fordern Interesse. Der Blick wechselt dann vom Interaktions- und Identitätsaspekt zur kulturellen Ebene und richtet sich auf Würde als Wert und seine Konstituierung sowohl in der engeren Würde-Community mit ihren Akteuren und Ideen als auch der gesellschaftlichen Wissenserzeugung schlechthin.

Den dritten Teil meiner Einführung überschreibe ich mit „Entwürdigungsgesellschaft", wie ich glaube, nicht nur Schlagwort, sondern angemessene Bezeichnung gesellschaftlicher Wirklichkeit. Entwürdigung ist durch die starke Stellung von Würde als Handlungsressource, Wert und Wertorientierung und die hohen Bedingungen für ihren sozialen Erwerb und Erhalt geradezu zur Normalität geworden. Als Würdebewahrungsstress, Status- und Achtungsverlust und als Entwürdigungsleid. Sie ist aber auch sehr gut darstellbar, weil die Formen, in denen sie sich vollzieht, in der sozialwissenschaftlichen Sanktionsforschung schon lange auf Interesse stoßen.

Zunächst geht es mir um die wichtigsten Erscheinungsweisen und deren Folgen, in denen sie sich als komplexer Prozess von Auseinandersetzung, Bewertung und Machtdurchsetzung vollzieht. Den Ausgangspunkt von Entwürdigungsprozessen können dabei gleichermaßen unwürdige, d. h. die eigene Würde selbst beschädigende Handlungen wie der „Würderaub" durch andere bilden. In ihren Merkmalen bestimmt werden Demütigung, öfters auch als allgemeinste und übergreifende Verletzung eingeschätzt, Beschämung und Degradierung.

Beschrieben werden danach zentrale Schauplätze von Würdekonflikt und Würdeverletzung: Die auf Würdeprobleme hin am stärksten erforschte untersuchte Arbeitswelt, biografische Grenzsituationen – Ausschluss, Erkranken, Sterben – im Zusammenhang mit institutioneller Betreuung und Kontrolle, Würdebedrohung durch Armut und, ihr extremes Gegenüber, Reichtum.

Dabei widme ich mich auch der Frage, was zur Würdesicherung und – wiederherstellung gesellschaftlich getan werden kann. Nach Überlegungen über subjektive Chancen, sich vor Angriffen auf Achtung und Autonomie zu schützen, auch in Form aktiven Widerstands, beschreibe ich einige der immer verbreiteteren Ansätze von institutioneller oder von sozialen Initiativen getragener Würdearbeit und Würdepolitik in den einzelnen Arenen. Hier wird Würde als zentrales „tool" genutzt, um institutionelle Praktiken kritisch zu prüfen und zu verändern. Wir begegnen hier einer primären, sekundären und tertiären Entwürdigungsprävention in Form etwa von Wertevermittlung, Würdepädagogik, Ressourcengewährung,

1 Einleitung

Partizipation, Veränderung von Arbeits- und Interaktionsbedingungen, Interventionen von „Würdebeauftragten", Entschuldigungen, offiziellen Rehabilitierungen, Vergebungsarbeit, moralischer und materieller Wiedergutmachung, therapeutischen Angeboten.

Der Wunsch, den ich mit all meinem Integrations- und Vermittlungsbemühen verfolge, ist, wie schon gesagt, der, zum Beginn einer soziologischen „Würdearbeit" beizutragen. Dass dieses Beitragen als auch normatives Unternehmen erfolgt und einen „negativistischen" Schwerpunkt auf die Verwundbarkeit der Würde legt, bezeichnet nur eine von ganz verschiedenen Möglichkeiten künftiger Thematisierung.

Teil I
Würde in der Soziologie – soziologische Begegnungen mit der Würde

Im ersten Kapitel werden nahezu sämtliche, der für mich erkennbaren Ansätze würdesoziologischen Denkens kurz dargestellt. Dabei ist die Kürze nicht nur didaktisch geboten, sondern auch insofern legitim, als es sich zumeist nur um kleine Studien handelt, die Würde im Zusammenhang umfassenderer Forschungsabsichten thematisieren. So wie es auch überwiegend einmalige Aufenthalte im Reich der Würde sind. Die referierten Beiträge zeigen, wie leicht sich in Anwendung bestimmter soziologischer Perspektiven ein Zugang zum Problem Würde, ob nun eher als individueller Anspruch, kulturelles Konstrukt oder Teil der gesellschaftlichen Ordnung betrachtet, formulieren lässt. Und auch, dass diese Ansätze eine Alternative zur normativen Würdewissenschaft sind bzw. werden könnten.

Soziologische Zugänge zur Würde 2

2.1 Peter L. Berger: Würde als moderne Nachfolgerin der Ehre

So selten die soziologischen Beiträge zur Würdefrage bisher auch sind, so stammen sie größtenteils von fachwissenschaftlicher Prominenz. Dazu zählt ein nur wenige Seiten umfassender, mehrfach wieder abgedruckter Text von Peter L. Berger, dem Mitbegründer des soziologischen Konstruktionismus. Er ist zufällig recht zeitgleich mit anderen Problemzugängen anerkannter Fachgrößen (Luhmann 1965; Bourdieu 1968) 1970 (Berger 1970) erschienen.

Würde taucht in seiner Studie zur Unzeitgemäßheit der Ehre in der Moderne als deren ideale Gegenspielerin und Nachfolgerin auf. Ehre und Würde stellen für Berger bedeutsame Teile der Weltanschauung des Alltagslebens dar, die ihren Stellenwert aus den vielfältigen Wandlungsprozessen der Moderne, von demografisch über sozialräumlich bis technologisch, beziehen. Bergers Fragen gelten dem je besonderen Schicksal von Würde und Ehre, aber auch ihren Gemeinsamkeiten. Nicht nur des Interesses an der Sache selbst wegen, sondern auch um dadurch die Struktur des modernen Bewusstseins zu erhellen.

Am Anfang steht die Verfallsdiagnose der Ehre. Die auf Statusbesitz und Gruppensolidarität gleich hoch Gestellter gegründete und als klare Demarkationslinie nach unten (1970, 340) lange Zeit wirksame Ehre ist als normative Orientierung vollends obsolet geworden. Sie ist ideologisches Relikt, findet nur noch im Bewusstsein kulturell „rückständiger", dem Schmerz des Verlustes früherer Privilegien verhafteter Gesellschaftsgruppen einen Rückzugsort (341). Falls öffentlich als Anspruch geäußert, ist allenfalls Verwunderung und Amüsiertheit zu erwarten. Darüber hinaus droht gar die Abwertung als Ausdruck psychischer Probleme.

Verfall und Verschwinden der Ehre sind aus Sicht des gesellschaftlichen Zusammenhalts allerdings darum nur wenig problematisch, weil sie mit dem Aufstieg des neuen Humanismus in Form von Menschenrechten und Menschenwürde verbunden sind. Aus den Trümmern der Ehre kommend, hat die Würde doch mit ihrer Vorgängerin einiges gemeinsam: Sie errichten beide jeweils eine Brücke zwischen Selbst und Gesellschaft bzw. Selbst und idealisierten Normen (342 ff.), sie fordern zu Erwerb, Erhalt und Ausübung ein beträchtlich aufwendiges moralisches Unternehmertum, und beide dehnen sich über den moralischen Kern der sie besitzenden Individuen hinaus auf den Körper, die materielle Umgebung und mit ihnen verbundene Menschen aus. Während sich aber die Ehre durch die Verbindung personaler Identität mit institutionalisierten Rollen auszeichnet, kann in der neuen Welt der Würde der Mensch seine wahre Identität durch die Emanzipation von vormals auferlegten Rollen erfahren, muss die Geschichte der traditionellen Mystifikationen überwunden werden, um als Subjekt Authentizität erlangen zu können. Für Berger stellen sich Ehre und Würde als hier das extrinsische, dort das intrinsische Selbst dar.

Wird das Ableben der Ehre auch schonungslos konstatiert, so ist Berger doch der Ansicht, dass damit ein ausgesprochen hoher Preis für die in der Moderne erlangten Freiheiten und ihre Anerkennung bezahlt wurde. Und Würde steht leider eher für soziale Desintegration, Ehre dagegen für die Stabilität der gesellschaftlichen Ordnung. Mit dieser Bewertung im Sinn geht Berger sicher nicht ungern davon aus, dass eine Wiederentdeckung der Ehre mit zurückkehrender institutioneller Stabilität sowohl empirisch plausibel als auch moralisch wünschenswert sei. Vermutlich wären ja inzwischen die Vitalität der Ehrekategorie in migrantischen Teilgesellschaften, speziell männlichen Clankulturen, fortbestehende berufsständische Grenzziehungen und eine neu auftretende, spirituell-therapeutisch unterstützte Kultur der zwischenmenschlichen Ehrerweisungen Belege für die Berechtigung dieser Einschätzung.

Bergers wissenssoziologische Analyse des sich wandelnden Verhältnisses von Würde und Ehre findet vor allem in der rechts- und sozialphilosophischen Debatte bis heute Interesse (siehe etwa Kamir 2006). Zumeist insofern von ihm sich lösend, als die beiden Phänomene weniger antithetisch als komplementär betrachtet werden. Bis hin zur häufiger geäußerten Auffassung, dass auch die Erlangung von Würde als von Status- und Rangstrukturen bedingt oder als sozialer Prozess der Generalisierung von Ehre als jeder Person statusunabhängig zustehender Respekt zu verstehen sei (Waldron 2007).

2.2 Angelika Poferl: Würde als Kategorie moralischen und ethischen Wissens

Das wissenssoziologische Verständnis der Würde wird gegenwärtig von Angelika Poferl fortgeführt (Poferl 2018, 2019, 2020). Verbunden und angereichert mit Konzepten der kosmopolitischen Soziologie Ulrich Becks. Poferl behandelt die Würdefrage im Kontext der Thematisierung von Menschenrechten und Geschlechterverhältnis. Würde wird als institutionell stabilisierte kulturelle Zuschreibung gesehen, die zusammen mit der menschlichen Verwundbarkeit die Menschenrechte begründet (2018, 86 ff.). „Würde bekleidet den Menschen und bleibt doch nicht nur äußerlich" (2019, 8) lautet Poferls eingängige Definition des Phänomens. Und eine weitere Leistung, die Würde erbringt, ist es, Menschen aufzuzeigen, wer sie sind oder was sie an der Realisierung ihrer Möglichkeiten hindert (2018, 88).

Im Einzelnen lässt sich Würde dadurch bestimmen, dass sie 1) auf ein aktualisiertes Menschenbild verweist, 2) legitimer Gegenstand von gesellschaftlicher Sorge und Arbeit ist, sich 3) als humanes Selbst auf die Integrität von Menschen bezieht, in Selbstwahrnehmung, Selbstverständnis und Selbstdefinition eingeht, sich 4) wie auch ihre Verweigerung, die Entwürdigung, auch körperlich niederschlägt und 5) als Norm negativ formuliert, wie Menschen keineswegs behandelt werden sollten (2019, 8 f.).

Poferl unterscheidet in pragmatischer Absicht zwischen der Menschenwürde und der personalen Würde, als dem Humanen und dem Sozialen in der Würde. Beide gehen als Norm und Form in der Realität eine unauflösliche Verbindung ein. Jedoch ist die im menschlichen Alltag in Interaktion mit anderen errungene oder verloren gehende Würde sicherlich der eigentliche soziologische Gegenstand. Poferl formuliert als Leitfrage der Forschung, wie sich die normative Idee der Würde zu den sich wandelnden Erscheinungsformen von Würde und deren Herstellung und Wiederherstellung verhält. Würde ist soziologisch also als sozialer Prozess ihrer intersubjektiven Erzeugung als Anspruch wie als Empfindung bedeutsam, und, wie auch Poferls Aufsätze bekunden, ein lohnendes Untersuchungsfeld. Allerdings auch ein schwieriger, denn kann Würde als eine Kategorie moralischen und ethischen Wissens überhaupt erforscht werden, „ohne sich im Dickicht der Zuschreibungen und normativen Voreingenommenheiten zu verfangen" (2020, 111).

2.3 Niklas Luhmann: Würde als Problem der individuellen Selbstdarstellung

In Niklas Luhmanns gewaltigem Werk findet Würde nur einmal, noch in seiner Frühphase als soziologischer Theoretiker, einen Platz als abgegrenzte Fragestellung (Luhmann 1965). Allerdings gleich eindrucksvoll und mit dem noch ungewöhnlichen Anspruch auftretend, dass Soziologie Essentielles zum Verständnis der menschlichen Würde beizutragen hat und endlich empirische Analyse an die Stelle von wissenschaftlicher Wertbegründung setzt. Das war seinerzeit für die von einschlägigen Staatsrechtslehren beherrschte Würdewissenschaft – auch durch die Schärfe von Luhmanns Kritik am „Wesensparadigma"- wohl äußerst irritierend, wenn nicht provokativ (Noll 2006).

Würde als normative Idee ist für Luhmann ein Produkt der hochentwickelten gesellschaftlichen Differenzierung, in der das Handeln der Person vor dem potentiellen Zugriff einzelner Funktionssysteme und ihrer Kommunikationslogiken geschützt werden muss. Diesen Schutz übernimmt sie als institutionalisiertes Grundrecht gemeinsam und eng verbunden mit der Freiheit. Beide zusammen stellen die Grundbedingungen für das Gelingen sozialer Interaktion dar. „Der Mensch soll sich vor jedermann sehen lassen können" (70) umschreibt dies Luhmann. Würde und Freiheit sind gesellschaftlich von höchster Bedeutung, individualisieren und sozialisieren den Menschen (63).

Luhmanns eigentliches Interesse gilt aber nun der Würde als zum menschlichen Alltag gehörender Wunsch. Wobei aber dieses Ziel des individuellen Wünschens die Besonderheit besitzt, prinzipiell unbenennbar zu sein. Das Anstreben und/oder Beanspruchen von Würde darf in der jeweiligen sozialen Situation gerade nicht ausgedrückt werden (68).

Würde ist des Weiteren etwas, das sozial konstruiert wird. Sie vollzieht sich als ein interaktiver Prozess des Herstellens und Bewahrens, und dies in der speziellen Form individueller Selbstdarstellung, für die Würde eine zentrale Innenproblematik bildet (67). Mit dieser These, welche an die später populären soziologischen Konzepte der Individualisierung und der Singularisierung denken lässt, macht Luhmann Würdegewinn zu einem äußerst fordernden Handlungsproblem. Es fehlt den Würde Anstrebenden einerseits an unterstützender und entlastender Normierung, es besteht andererseits ein Übermaß an handlungsrelevanten Informationen. So muss die Selbstdarstellung des Subjekts schon „kunstvoll-konsistent" (71) sein, ständiges Neuinszenieren, Ausdruckskontrolle, genaues Erinnern einzelner Interaktionsgeschichten, Offenheit für die sich ändernden Anforderungen künftiger Darstellungssituationen umfassen.

Der für die Würdeerlangung nötige Aufwand an Selektion und Handlungsgeschick macht es für Luhmann nur naheliegend, von Leistung zu sprechen. Freilich einer Leistung für uns selbst als der Persönlichkeit, die wir sein und zeigen wollen. Sofern sie situativ neu gewonnen bzw. bestätigt wird, ist Würde so etwas wie ein „Generalisierungszentrum" (62) und die stärkste soziale Anerkennung.

Anders als offiziell deklariert, bezeichnet Würde für Luhmann ein höchst antastbares und damit schutzbedürftiges Gut, weil es eben den Menschen insgesamt, nicht nur als Inhaber spezieller Rollen betrifft. Sie ist jederzeit, also in eigentlich jeder sozialen Kommunikation, von Beschädigung und Verlust bedroht. Im Sinne Luhmanns allein des Mangels von Kommunikationskompetenz und -erfolg der Würdesuchenden wegen. Ungeachtet der prinzipiellen Offenheit seiner Theorie für die am Entwürdigungsgeschehen beteiligte soziale Umwelt. Wobei allerdings die soziale Be- und Verhinderung von Würdeerwerb eher im Ressort der Analyse von Freiheitsrechten und -chancen liegen dürfte.

Der von Luhmann als geradezu normal angenommene Verlust von Würde erzwingt in schwereren Fällen den sozialen Rückzug auf die engere Lebenswelt, aber auch in Form des Anschlusses an ähnlich Betroffene in speziellen gesellschaftlichen Subkulturen. So wie sie im Alltag ständig verloren geht, kann individuelle Würde aber auch, das ist die gute soziologische Nachricht, rasch wiederhergestellt werden. Sie drängt und verlangt geradezu danach. Was diese neue Würde dann auszeichnet, wo sie erworben wird und wo sie gilt, lässt Luhmann allerdings offen. So wie seine Analyse überhaupt den, ich denke produktiven, Konflikt in sich trägt, einerseits zwar Würde als Problem der Individuen zu personalisieren und situationsgebunden zu sehen, sie andererseits aber dann doch als übergreifendes Prinzip auf der Grundrechtsebene stehen zu lassen.

2.4 Gesa Lindemann: Würde als Privileg des „biologisch-lebendigen" Menschen

Gesa Lindemann sieht den besonderen soziologischen Zugang zur Würde darin, die gesellschaftsstrukturellen Bedingungen in den Mittelpunkt zu rücken und zu klären, was unter Menschenwürde gesellschaftlich verstanden wird (2012, 419). Für ihr eigenes Konzept, das sie als Diesseitigkeitstheorie der Würde etikettiert (2013), schließt sie an Luhmanns differenzierungstheoretische Position an und lässt sich ferner von Durkheim anregen, bei dem sie eine Deutung der Würde als Sakralisierung des Individuums erkennt. Lindemann verfolgt nun eine Erweiterung der soziologischen Würdetheorie, indem sie die ihres Erachtens grundlegende Auseinandersetzung mit der Frage, wer überhaupt als Subjekt von Würde gelten kann, vorschaltet (2013, 66). Ihr Interesse gilt also vornehmlich dem anerkennenden Blick dafür, dass Würde gegenwärtig zwar nichts weiter voraussetzt, als einen lebendigen Körper zu besitzen (2012, 431), dass sich diese Lebendigkeitsvorstellungen als Zuerkennungsbedingungen aber historisch verändert haben und prinzipiell wandelbar bleiben. In ihrer Radikalisierung der Frage nach den Kriterien für die Anerkennung als sozial autonome Person und damit potentieller „Würdeträger" nutzt Lindemann die Mitwelttheorie des einflussreichen deutschen Kultursoziologen Helmut Plessner. In dieser wird zum zentralen Thema, welche Entitäten überhaupt an der Entstehung sozialer Ordnung beteiligt sind und wie der Kreis der zur Mitwelt gehörenden Menschen begrenzt wird (2012, 432 f.).

Konsequenzen für die Würdeforschung könnte die Entdeckung der diesseitigen Würdeinhaber als Produkt der Moderne nebst des Ausschlusses der „Jenseitsakteure" sicher für den analytischen Blick auf die umfassende Medikalisierung des Menschen als ein Potential für Würdeverletzungen sowie auch für aktuelle bioethische Debatten haben. Weiterhin ist Lindemanns Einsicht höchst anregend, dass Menschenwürde in dem von ihr verstandenen Sinn gar nicht verloren gehen kann, bedrohlich nur die Beschädigung der Institution Würde insgesamt werden könnte (442).

Für mich stellt sich bei Lindemanns Theorieansatz allerdings die Frage, ob ihre differenzierungstheoretische Erweiterung nicht eher kontraproduktiver Art ist. Fällt ihr Würdeverständnis mit der Berücksichtigung nur von Menschenwürde im engeren Sinne nicht hinter Luhmann zurück, der ja die soziale Realität der Würde mit dem Schwerpunkt des individuellen Rollenhandelns als soziologischen Gegenstand bestimmt hatte?

2.5 Hans Joas: Menschenwürde als Heiligkeit der Person

Hans Joas findet zum Thema Menschenwürde im Rahmen seiner historischen Soziologie der Werteentstehung (Joas 2015) als Analyse des Wechselspiels von Werten, Institutionen und Praktiken. Wobei mit Entstehung die Bildung eines zentralen Sets universalistischer Werte gemeint ist. Von Würde selbst ist ins Joas Studie eher selten die Rede. Sie wird von den Menschenrechten „überschrieben" und ansonsten mit dem Konzept der Sakralität der Person gleichgesetzt und auch ersetzt.

Joas hat für seine Wertuntersuchung eigens eine neue Forschungsmethode entwickelt, die er als „affirmative Genealogie" bezeichnet. Genealogisch werden die Prozesse untersucht, in denen sich motivierende individuelle Werterfahrungen bilden, Glauben an Wertvolles entsteht und schließlich die Sakralität menschlicher Wesen ihre Institutionalisierung im Recht erfährt. Dies geschieht durch eine erfolgreiche Wertegeneralisierung. An der Abschaffung von Folter und Sklaverei wird die Durchsetzung von Menschenwürde und -rechten von Joas exemplarisch aufgezeigt.

Affirmativ zu forschen, heißt nun für Joas, sich für historisch gebildete Ideale – auch aus dem Engagement für die Würde aus dem Gottvertrauen des gläubigen Christen heraus – (250) und ihre Verwirklichung zu engagieren. Auch weil sie trotz institutioneller Stützung immer wieder neu gefährdet sind und argumentativer Verteidigung bedürfen. Die affirmative Genealogie, sagt ein Interpret (Hübenthal 2014), will durch Beschreibung revitalisieren, legitimieren und vor Verlust schützen.

2.6 Axel Honneth: Würde als Strukturelement sozialer Anerkennungsverhältnisse

Axel Honneths vieldiskutierte Schriften zur Soziologie und Sozialphilosophie der Anerkennung (klassisch Honneth 2016, zuerst 1992) teilen mit soziologischer Würdeanalyse das Interesse am normativen gesellschaftlichen Wandel, speziell an Prozessen normativer Integration und Bestätigung. Und sie betrachten ihren Gegenstand, Würde wie Anerkennung, als Konfliktschauplatz und stets durch Beschädigung oder Verweigerung gefährdet.

Ansonsten geht es aber um konkurrierende Sichtweisen auf sich eng berührende, vielfach auch sich überschneidende soziale Verhältnisse. Schon darum lassen sich Honneths Einsichten, versteht man Anerkennung als Prozess nur enger und pragmatischer, in manchem leicht für eine Soziologie der Würde heranziehen. Etwa in der Verwendung von Anerkennung als besondere Form der Würdigung. Honneth selbst formuliert sie im Anschluss an Hegel und Mead mit den Konzepten Wertschätzung, Selbstachtung, Integrität und Solidarität.

Würde wird immerhin, wenn nicht als eigene Anerkennungsweise, so doch als chronisch bedrohte Form der Wertschätzung aufgeführt. Zudem wird ihr Verlust an anderer Stelle als die Missachtungsvariante Entwürdigung und Beleidigung gleichfalls registriert (211). Honneth sieht, wie schon mehrere der bisher aufgeführten Positionen, Würde in einem historischen Spannungsverhältnis zur sozialen

Ehre. Seine Annahme ist, Würde sei zu einem beträchtlichen Teil in das universelle Prinzip der Menschenwürde abgewandert oder auch einem Prozess der Privatisierung ausgesetzt.

2.7 Boike Rehbein und Jesse Souza: Würde als Prozedur der Herstellung von gesellschaftlicher Ungleichheit

Für die kapitalismuskritischen Autoren Rehbein und Souza wird Würde in ihrer Analyse der kulturellen Herstellung und Legitimation von Ungleichheit zu einer zentralen Kategorie (Rehbein und Souza 2014). Im symbolischen Universum des Kapitalismus, das heißt in seinem der Vermittlung von Macht dienenden Wertsystem nimmt Würde ihres Erachtens eine führende Position ein (201). Würde, selbst unsichtbar, ist die Materialisierung des objektiven Respekts gegenüber Menschen im Besitz der gesellschaftlich richtigen Disposition. Wobei sich das Würde-Ideal parallel mit Meritokratie und steigenden Ausgrenzungsrisiken durchsetzt und ausbreitet.

Die Autoren greifen für ihr Würdeverständnis auf Charles Taylors kommunitaristische Sozialphilosophie zurück. Bei ihm erkennen sie eine Sicht der Würde, die nicht mehr auf den Wertinhalt setzt, sondern Würde als Verfahren beurteilt, das der Inthronisierung von Werten durch den Einsatz von Disziplinarmacht gilt. Rehbein und Souza nehmen an, dass sich Würde als über Zugangschancen entscheidender Wert (191) durch die Festschreibung des gesellschaftlich gesehen Nützlichsten auszeichnet, das heißt: Disziplin, Selbstkontrolle und vorausschauendes Denken. Diese Tugenden, die erst würdiges Verhalten erlauben, werden nun – Rehbein und Souza fragen sich, wie das im Einzelnen gelingen kann -, so zwingend sozialisiert und inkorporiert, dass der eigentlich unartikulierte Begriff der Würde zu einem institutionellen Gebot wird. Sie wirkt in uns als eine vorreflexive Disposition.

Würde zu haben, bedeutet im Kapitalismus nur, für die Organisationen Markt und Staat eine hohe Verwertbarkeit zu besitzen. Gleichwohl oder gerade deswegen wird zwar einerseits individuell um ihren Besitz oder nur darum, nicht unter eine Grenzlinie der Würde zu geraten, gerungen, ist sie aber andererseits klassenspezifisch fest verteilt. Dieser Zugang ist, nehmen Rehbein und Souza an, in dieser Weise geregelt: Die untere Klasse befindet sich chronisch im Zustand der Würdelosigkeit, wird auch aktiv entwürdigt. Die mittlere Klasse verfügt über einen Habitus, der ein Leben in Würde erlaubt. Die obere Klasse vollbringt durch ihren besonders sensiblen Habitus die anerkanntesten Leistungen. Und es gibt

schließlich eine vierte privilegierte Gruppe, die über diesem Kampf um Würde steht, nichts mehr unter Beweis zu stellen hat.
Rehbein und Souza richten ihren Blick in Sachen Würde weniger auf die „Kämpfer" und Etablierten als auf die Marginalisierten. Sie vermuten, ca. ein Drittel der Weltbevölkerung wird als unwürdig erachtet. Ihr empirischer Hintergrund besteht im besonderen in einer Würdeuntersuchung, die einer der Autoren, orientiert an Bourdieus Forschungsmethodologie, in der brasilianischen Unterschicht unternommen hat (Souza 2008). Dabei wurde eine weit verbreitete, als Deklassierung verstandene soziale Entwürdigungsrealität aufgedeckt. Diese Entwürdigung bezeichnet ein dauerhaftes Schicksal, und sie vollzieht sich als Prozess der gesellschaftlichen Spaltung. Das heißt, die individuelle Schuld am Unwürdigsein verändert auch Familien, Nachbarschaften und die ganze Klasse.

2.8 Pekka Himanen: Würde als Entwicklungsmaßstab der Informationsgesellschaft

P. Himanens Weg zur Würde startet vom Konzept des Informationalismus aus, dass er, selbst eigentlich Philosoph, in gemeinsamer Forschung mit Manuel Castells, einem der soziologischen Entdecker der Netzwerkgesellschaft, vertritt (Himanen 2014). Würde wird als normative Grundlage für ein Modell der nachhaltigen gesellschaftlichen Entwicklung interessant, dient als Ziel und Beurteilungsmaßstab zugleich. Auf der zwischenmenschlichen Ebene wird sie als reziproke Beziehung, als etwas, das einerseits empfangen wird, andererseits aber auch gegeben und bestätigt, bestimmt (297). Verortet ist sie aber vor allem als würdevolles Leben („dignified life"), zu welchem die Anerkennung als über einen Eigenwert verfügendes Subjekt und Wahlfreiheit im Sinne von Autonomie und Handlungsmacht gehören. Würde ist ein moralisches, nicht moralisierendes Konzept, betont Himanen (298). Das soll heißen, das Subjekt steht im Zentrum und ist gegen die äußeren Verhältnisse, etwa von Macht, die es einschränken, unter Rechtfertigungsdruck setzen, beschämen, zu verteidigen.

In seiner Forschung geht es Himanen aber nicht um die individuelle Würde, sondern um Würde als übergreifende Weltkultur, die sowohl den Wert der Unverletzlichkeit des Menschen als auch jenen der Unverletzbarkeit der Umwelt – die auch künftigen Generationen ein würdevolles Leben gestatten soll – umfasst (300). Würde als das ultimative Ziel gesellschaftlicher Entwicklung ist eine Art von Superkonzept des Wohlbefindens und der Nachhaltigkeit von Ökonomie und Umwelt.

Nach der theoretischen Vorklärung erfolgt nun ihre Operationalisierung über die Nutzung einer Vielzahl verfügbarer Indikatoren zu Wachstum und Produktivität, technologischen Fortschritt, Gesundheit, Bildung, Ungleichheitsniveau in ausgewählten Nationen. Zusammengefasst ergeben sie einen Index der Weltwürde. Himanen ermittelt einen Wert, der Würde als in hohem Maße gesellschaftlich verwirklicht ausweist, mit Abweichungen allerdings nach unten – China, Südafrika –, mit nur ganz geringen Unterschieden zwischen den demokratischen Wohlfahrtsstaaten (319 ff.). In dieser Makro-Würde scheint die Kern-Würde der Achtung und Autonomie, so mein Eindruck, aber unterzugehen. Für ihr Vorhandensein werden kaum passende und hinreichend präzise Indizes gefunden. Danach, woran sich aber der gesellschaftliche Zustand von Würdebesitz und -verteilung am besten prüfen ließe, nach den Risiken und Folgen von Würdeverweigerung und -verlust wird gar nicht gefragt.

2.9 Randy Hodson: Würde und Widerstand

Der 2015 verstorbene Randy Hodson stellt seine Bemühungen um die Theorie und empirische Analyse der Würde ganz in den Rahmen der arbeitssoziologischen Forschung (Hodson 2001 und zur Rezeption Keister und Roscigno 2016). Wir werden hier bei der exemplarischen Betrachtung der Arbeitswelt als Entwürdigungsort sicher wieder auf seine Einsichten stoßen.

Hodsons Zugang zur Würde ist normativ orientiert, indem er sich vorab programmatisch und dann immer wieder für die wissenschaftliche Unterstützung des Weges zu ihr und für die Gestaltung einer Welt der Würde für alle einsetzt. Seine ethnografisch angelegten Forschungen zu den Einschränkungen und Herausforderungen der Würde am Arbeitsplatz ergreifen fortlaufend Partei für das Bemühen der erwerbstätigen Menschen um Würdegewinn. Und er ist voller wissenschaftlicher Sympathie für die Idee des Widerstands.

Hodson verwendet keinerlei Energie für eine Klärung seines Würdekonzepts, erst recht nicht in Auseinandersetzung mit einschlägigen Perspektiven. Er sieht sich offenbar in einem zeitgenössischen Konsens, den zu diskutieren nicht erforderlich ist. Es reicht ihm aus, sich von Würde als lebensnotwendiger Wohlbefindungsbedingung leiten zu lassen (2001, 3). Unterschieden wird allerdings zwischen inhärenter und einer durch Handlungsraum und -geschick erwerbbaren, aber auch erwerbungsbedürftigen Würde. Die erstgenannte, also universelle Menschenwürde, muss vor allem gesellschaftlich geschützt, die errungene hingegen durch Gelegenheiten zu kreativem, sinnhaftem und autonomen Tun ermöglicht werden.

Für Hodsons Forschungsgegenstand, die Arbeitswelt, wird Würde näher bestimmt: Hier ist ihr Vorhandensein durch Arbeitszufriedenheit, einen gut lebbaren Arbeitsrhythmus und das Niveau von Sinn und Kreativität in der jeweiligen Tätigkeit bedingt. Oder, anders formuliert, Würde ist dann erlangt, wenn bestimmte Gütekriterien, zusammengefasst im Recht, an allen Aspekten des Arbeitslebens aktiv teilzuhaben (257), erfüllt sind.

Hodson wählt Würde als Leitfrage der soziologischen Arbeitsforschung, weil sich der Stand der Verwirklichung von Humanität und Würde in der Gegenwartsgesellschaft vorwiegend in der Arbeitswelt zeige und entscheide. Und weil sich in der Chance des individuellen Zugangs zu Würde ganz vieles der Realität von Arbeitsstrukturen und der Situation erwerbstätiger Menschen entdecken lässt.

Hodsons würdezentrierte Arbeitssoziologie will auch vereinfachende Annahmen und Modelle über Klassenstrukturen und Klasseninteressen überwinden. Ihre zentralen Befunde bestehen, ganz grob zusammengefasst, darin, dass 1) Arbeitswürde permanenten Gefährdungen und, darüber hinaus, Verneinungen, vor allem durch missbräuchliches Management und Desorganisation ausgesetzt ist (237); dass 2) die ewige Suche nach Würde im Zentrum der Erfahrungen und Beziehungen am Arbeitsplatz steht und dass 3) auf dieser Grundlage ein ständiger Kampf um den Erwerb und Besitz von Würde zu führen ist. Würde ist also, obgleich einerseits ja auf ihre Herstellung in der Berufsarbeit angewiesen, gerade dort prekärer und brüchiger Art. Ihre Verletzung trifft aber, das ist eine wichtige und von der soziologischen Würdeforschung weit mehr als bislang zu beachtende Einsicht, auf vielfältigen und vielfachen, individuellen wie kollektiven Widerstand. Die abhängig Arbeitenden leisten ihn mit geplanten bis zu strategischem Handeln. Sie bemühen sich – würdesensibel -um würdehaltige Jobs, sie schützen und verteidigen tagtäglich ihre Würde, und sie entwickeln bei negativer Behandlung durch das Management Gefühle der Würdelosigkeit.

2.10 Sighard Neckel: Beschämung und Würde

Sighard Neckel trifft in seiner Mikrosoziologie der Beschämung das eine oder andere Mal auf Aspekte der Würde (1991, 2000). So überschreibt er einen kurzen Abschnitt mit „‚Soziale Ehre' und individuelle Würde" (1991, 70 ff.) Allerdings gilt sein Hauptinteresse dem Zusammenhang von Beschämung und sozialem Status, also weit mehr Struktur- als Wertfragen. Auch erscheint ihm die Ehre, ganz anders als Peter L. Berger und mit diesem die meisten Interpreten, als Dimension von subjektivem Achtungsverlust erheblich bedeutsamer als Würde.

Würde ist für Neckel ein Kennzeichen moderner Individualität und Ich-Identität, ein Persönlichkeitskonzept der Einzigartigkeit, selbst reklamiert und zugleich mit allen anderen geteilt (1991, 71). Würde tritt begrifflich ziemlich gleichbedeutend mit Achtung und sozialer Wertschätzung auf. Neben sozialer Distanz und Ehre stellt sie eine Schutzvorrichtung gegenüber Scham und Schamangst dar (98). Gleichwohl ist sie, obgleich rechtlich sozusagen garantiert, selbst auch von Bloßstellung betroffen. Jedenfalls wenn die erfahrene Enthüllung das Ich-Ideal tief genug berühren.

Würde und Scham sieht Neckel in zweifacher Hinsicht verbunden. Einmal bezeichnet Achtungsverlust durch uns selbst oder durch andere die zentrale subjektive Erfahrung im Augenblick der Scham. Der je Betroffene „verliert an Würde, wenn Körper, Trieb oder Bedürftigkeit zur Besichtigung freistehen" (95). So wie die erlittene Bloßstellung Gefühle von Würdelosigkeit hervorruft, erzeugt dieser Würdeverlust wiederum neue, andere Scham.

Für Würde ist offenbar die Bedrohung durch Scham etwas in der Moderne Typisches. Genauer wird der Scham-Würde-Zusammenhang mit den gängigen Techniken der Beschämung – Ausschluss, Degradierung, Prüfung und Deevaluation – beschrieben (103 ff.). Explizit in der Definition der Prüfung als öffentlich legitimierbare Würdebedrohung. Weniger erkennbar auch in der materiellen Geringschätzung menschlicher Arbeit.

Während Neckel Scham und Würde bei aller Verbundenheit getrennt analysiert und das zweite Phänomen dem ersten klar unterordnet, hat sich in neueren Thematisierungen speziell in der empirischen Pflegeforschung eine Betonung der Gemeinsamkeiten bis hin zur Gleichsetzung von Entwürdigung und Schamentstehung ausgebreitet.

2.11 Steven Hitlin und Matthew A. Andersson: Würde als moralische Motivation

Eine weitere Art, Würde soziologisch zu thematisieren, verfolgen Hitlin und Andersson im Rahmen einer subjektorientierten Soziologie der Moral (2013, 2015). Würde als moralische Sozialisation ist ihnen ein so bedeutsames Phänomen, dass es an der „Forderfront" mikrosoziologischer Theoriearbeit angesiedelt werden sollte.

Das soziologisch so Gewichtige an der Würde entdecken Hitlin und Andersson in der engen Verbundenheit von individuellem Würdeverlangen und den Bedingungen der gesellschaftlichen Ordnung (2015, 261). Das Warum der Würde entscheidet sich auf der subjektiven Ebene, das Wie liegt aber in den sozialstrukturellen Bedingungen. Würde hat darüber hinaus eine integrative Funktion mit der Förderung sozialer Personalität der Individuen inne.

Begrifflich legen sich Hitlin und Andersson so fest: Würde ist Teil des „moralisierenden individuellen „Selbst". Ihr Besitz bezeichnet die Fähigkeit, kulturell definierte Bedürfnisse nach Autonomie, Selbstkonsistenz und Authentizität zu befriedigen. Sie bildet ferner eine tiefliegende Motivation dafür, sein Selbst wertzuschätzen und zu regulieren, um eine sozial eingebettete Person zu sein (2015, 272). Würde benennt eine Form von Handlungsmächtigkeit, die sich im Umgang mit all dem, was dem Selbst widerfahren kann, beweisen muss. Die Einsicht in die Verwundbarkeit der Würde als durchgesetztes Gütemerkmal soziologischer Analyse wird auch von ihnen vertreten. Das Streben nach Würde ist ein ständiger Balanceakt zwischen personaler Autonomie und sozialer Bewertung. Bedroht wird sie vor allem durch interaktionelle Übergriffe und Stigmatisierung.

Ihren Weg zu einem empiriefähigen Würdeverständnis setzen die Autoren mit der Identifizierung und Beschreibung sechs unterschiedlicher Würdeempfindungen fort. Sie unterscheiden zwischen sozial zugeschriebener (etwa durch Mitgliedschaft) und interaktiv selbst erworbener, der situationsgebundenen oder lebenslang bestehenden, der von der Person selbst erlebten und/oder der von außen angenommenen Würde (2015, 274 ff.). Diese Differenzierung soll nun zum Ausgangspunkt empirischer Würdeermittlung und Würdemessung werden. Fürs erste formulieren sie ein Modell mit 11 miteinander in Beziehung stehenden Indikatoren wie Autonomie, Können, Integration, Respekt, Selbstachtung und Vertrauen.

2.12 Nora Jacobson: Würde als Produkt sozialer Begegnungen

Jacobsons Beitrag zur Theorie der Würde ist im Kontext der gesundheitswissenschaftlichen Forschung entstanden und soziologisch bisher unentdeckt (Jacobson 2007, 2009, 2015). Er bestimmt Würde gleichwohl als durch soziale Prozesse erzeugt oder verletzt und in Abhängigkeit von der umfassenden gesellschaftlichen Ordnung. Ich greife auf diesen Ansatz und seine Ergebnisse des öfteren zurück und will ihn schon darum kurz vorstellen.

Jacobsons Absicht ist es, Vokabular und einen Bezugsrahmen für die Beschreibung der Würde bereit zu stellen. Sie selbst spricht bescheiden von einer Taxonomie. Diese soll „die Formen der Würde, die Elemente, aus denen sie sich zusammensetzen und die Verbindungen zwischen ihnen bestimmen" (2009,

2). Entstanden sind die Konzepte durch qualitative Forschung im Sinne der „grounded theory".

Die Grundannahmen von Jacobson sind folgende: Würde entsteht und entwickelt sich in sozialen Begegnungen zwischen einzelnen Akteuren oder auch Kollektiven. Bedingt sind Würdebegegnungen in ihrem Verlauf durch die soziale Position der Handelnden, die Merkmale der jeweiligen Beziehungen, die Besonderheiten des Settings, in dem sie sich ereignen und den Spezifika der gesamten Gesellschaft. Im Brennpunkt der Analyse stehen vor allem Verletzungen der als hoch verwundbar eingeschätzten Würde, die durch Machtunterschiede ungleich verteilt sind und vor allem Schwache, Arme, Beschämte treffen. Würdeverletzungen gedeihen unter Umständen des Drucks, des Ressourcenmangels und der Rigidität (2009, 4) und sind Teil sozialer Diskriminierung.

Jacobson identifiziert eine Fülle von nach Reichweite, Vorkommen, Häufigkeit, Sichtbarkeit, Beteiligten und Intentionalitätsgrad sich unterscheidenden Würdeverletzungen. Die herkömmlichen sozialwissenschaftlichen Grenzen überschreitet sie durch ihr praktisches Interesse an der Erforschung von Würdearbeit, womit all die Anstrengungen zur Förderung der eigenen Würde und/oder die anderer gemeint sind.

Würde in der Soziologie der Menschenrechte

Soziologische Würdeanalyse vollzieht sich zu einem erheblichen Teil, wenn auch zumeist nur indirekt und hintergründig im Rahmen von Menschenrechtsforschung. Menschenrechte sind mit ihrer enormen Bedeutungszunahme im zurückliegenden halben Jahrhundert und den mit ihnen verbundenen Debatten, Institutionalisierungsprozessen und Durchsetzungsproblemen natürlich auch spätestens mit Jahrhundertbeginn ein Thema der internationalen Soziologie geworden. Ob nun aus rechts-, politik-, wissens-, kultursoziologischer Perspektive oder mit eher empirischem oder theoretischem, allein analytischem oder auch kritischem Interesse. Ich ziehe nun zur unumgänglichen Verstärkung einige ausgewählte Theorieansätze und Befunde der Menschenrechtssoziologie heran. Sie wird von mir hier vorgestellt, weil vieles des von ihr Untersuchten auch das Würdeproblem betrifft. Aber auch, weil ich glaube, dass ihre mit der Konzentration auf offenkundige und massive Menschenrechtsverletzungen einhergehende globale und vielfach humanistische, transformative und normative Orientierung auch eine spezielle Soziologie der Würde auszeichnen sollte.

Jedoch ist die Soziologie der Menschenrechte eine bislang nur in kleinem Kreise betriebene Aktivität geblieben, entwickelt genug aber, um es methodologisch, theoretisch und substantiell zu ausgeprägter Pluralität zu bringen Es finden sich neben anderen macht- und konflikt-, system-,körper- und wissensorientierte Ansätze; es wird Entstehungsforschung wie die Untersuchung der Wertewelt, der Institutionalisierung und Durchsetzung und, ganz besonders, der Verletzung und Verweigerung von Menschenrechten unternommen; und alle etablierten soziologischen Schulen – von Durkheim und Weber bis Barrington Moore, Bourdieu, Beck, Habermas und Luhmann – kommen orientierend zum Einsatz. Eine durchweg erkennbare Folge der Fokussierung auf Krieg, Terror, Folter und ähnlich Dramatisches ist freilich ein geringes Interesse an den alltäglichen Fragen von Achtung und Autonomie.

In den USA hat es die Menschenrechte erforschende oder sich sogar auf ihre Förderung gründende Soziologie inzwischen zu einer eigenen Sektion im nationalen Soziologieverband gebracht, wurde eine globale Interessengemeinschaft – „Sociologists without Borders" -, ins Leben gerufen, die zum Verständnis, wie sich Menschenrechte, Demokratie und soziale Gerechtigkeit fördern lassen, beitragen will und inzwischen auch einiges an Einführungs- und Forschungsliteratur veröffentlicht hat (Brunsma u. a. 2013; Frezzo 2015; Blau und Esparza 2016).

Ein ganz wichtiger Grund dafür ist wohl das Leiden an der Diskrepanz der historischen Stellung der USA als Wiege der Menschenrechte und der gegenwärtigen Missachtung internationaler Gerichte und Konventionen, zumindest was deren Zuständigkeit für US-Bürger anbelangt, zum einen, der Instrumentalisierung der Menschenrechte zur gewaltsamen Verfolgung von Macht- und Sicherheitsinteressen seitens der nordamerikanischen Politik im 21. Jahrhundert zum zweiten (dazu erhellend Greiner 2021). Guantanamo und Abu Ghraib, die Rückkehr der Folter und der von Regierung zu Regierung weitergegebene Drohnenkrieg haben die gesellschaftskritisch gestimmte Sozialwissenschaft stark herausgefordert und einiges an Interesse von traditionellen Ungleichheits- und Ungerechtigkeitsproblemen auf die Menschenrechte verschoben.

Menschenrechtssoziologinnen beschreiben mit Hilfe soziologischer Theorien und Methoden, warum ein bestimmtes soziales Problem zum „Rigths Puzzle" werden kann, erklären, warum sich das jeweilige Problem konventionellen Lösungsmustern entzieht und wollen zeigen, wie eine alternative staatliche Politik das Problem bewältigen könnte (Brunsma u. a. 2020). Widerstand, was ihre innerwissenschaftliche Verbreitung anbelangt, mag ein gewisses Sendungsbewusstsein der „richtigen" Themenwahl hervorrufen. Aber auch des hier und da spürbaren Anspruchs, menschenrechtsbasierte Soziologie verkörpere so etwas wie eine epistemologische Revolution in der ganzen Disziplin, fordere neue Weisen des Nachdenkens über ontologische, theoretische, methodologische Fragen wie auch solche der Wissensverwendung.

3.1 Anthony Woodiwiss: Macht und Menschenrechte

Eine der ersten Soziologien der Menschenrechte hat der britische Soziologe Anthony Woodiwiss (2006) vorgelegt. Woodiwiss sieht das neuentstandene soziologische Interesse an den Menschenrechten im Ende des Kommunismus, der intellektuellen Ausrichtung auf Globalisierungsphänomene, die zunehmend

3.1 Anthony Woodiwiss: Macht und Menschenrechte

kommunitäre Natur der Menschenrechtsdebatte und der Aktualität soziologischer Ansätze mit Offenheit für diskursive Phänomene begründet. Gegenüber der traditionellen Menschenrechtswissenschaft besitzt Soziologie, so meint er, ihre Zuständigkeit dadurch, dass Menschenrechte wie auch Recht schlechthin in der Struktur der sozialen Beziehungen verankert sind (2006, 4) Sie sind auch nur ein winziger Teil sozialer Ereignisse, die größtenteils eher keine rechtliche Intervention zur Folge haben und nur ein Teilgebiet institutionalisierter Erwartungen.

Menschenrechte beziehen sich immer auf die „Extremitäten des sozialen Lebens" (2006, XV), werden als Verhaltensnormen, die sich auf die Prävention von Machtmissbrauch konzentrieren, beschrieben. Menschenrechte interessieren Woodiwiss nicht als transzendente Prinzipien, sondern als Set praktischer Methoden, die sich zum Schutz von Individuum und Gesellschaft besonders gut bewährt haben. Angelehnt an die Ideen von Barrington Moore, aber auch von Weber und Durkheim inspiriert, verfolgt er einen machtsoziologischen Ansatz. Seine Leitfragen sind erstens die, wie genau Menschenrechte mit der jeweiligen gesellschaftlichen Machtverteilung und -anwendung verflochten sind und dann zweitens, wie sich die Natur von Machtbeziehungen so verändern ließe, dass die Menschenrechte tatsächlich und endlich der weltgesellschaftlichen Mehrheit dienlich wären.

Erkennbar wird hier schon die große Skepsis, mit welcher Woodiwiss auf die Entwicklung des menschenrechtlichen Diskurses schaut. Menschenrechte befinden sich seines Erachtens in einem dauerhaften Spannungsverhältnis zwischen offizieller Anerkennung einerseits, der staatlichen Legitimation zu ihrer Nichtberücksichtigung und permanenten Verletzung andererseits. Sie sind viel zu stark und hinderlich mit der kapitalistischen Organisationsweise moderner Gesellschaften verbunden (145), und sie gründen sich zu wenig im Prinzip der Reziprozität gegenüber dem vorrangigen Wert der geheiligten Autonomie.

Die machtkritische Analyse von Woodiwiss ist komparativ angelegt (verglichen werden Japan, Großbritannien und die USA). Sie mündet schließlich in radikale Vorschläge dazu ein, wie sich die weitere Entwicklung der Menschenrechte aus dem Würgegriff des globalen Kapitalismus lösen ließe. Er plädiert in sicherlich transformativer Weise für einen neuen Universalismus mit fünf „Anerkennungen": 1) Die Anerkennung dessen, dass es gegenwärtig nur ein Teil der Menschheit zum Besitz von Schutzwürdigkeit gebracht hat; 2) dass auch Rechte auf Informations- und Kommunikationsfreiheit geschaffen werden müssen, 3) dass soziale, ökonomische und kulturelle Rechte gegenüber den schon durchgesetzten zivilen und politischen den gleichen Status erhalten sollten; 4)

Die, dass Ansprüche auf „pflichtgemäße und wohlwollende" Behandlung seitens der Mächtigen und Herrschenden bestehen und 5) auch indigene Menschen in aller Welt endlich den Schutz der und durch die Menschenrechte genießen sollten (148).

3.2 Judith Blau und Louis E. Esparza: Menschenrechte als Widersacherinnen des Neoliberalismus

Blau und Esparza (2016) werden von dem kritischen Interesse geleitet, die Beteiligung des neoliberalen Kapitalismus an der fortschreitenden Unterminierung der Menschenrechte und damit auch von Würde, Sicherheit und Wohlbefinden zu verstehen (17 f.). Wobei sie neoliberalen Kapitalismus durch Geschwindigkeit, Intensität, und Häufigkeit von Markt-Transaktionen kennzeichnen und darüber hinaus die Vermarktlichung allen menschlichen Handelns (Blau und Moncada 2013). Empirisch-analytisch geht es dann darum aufzuzeigen, dass und wie Menschen in ihren Gemeinden und Gesellschaften Menschenrechte beanspruchen, ausüben und verteidigen. Menschenrechte finden, das ist ihre Grundannahme, ihren globalen Ausdruck in sozialer Interaktion.

Die radikale Soziologie der Menschenrechte, wie Blau und Esparza sie vertreten, fragt nach den besten gesellschaftlichen Möglichkeiten, um substantielle Freiheiten und Menschenrechte zu gewährleisten. Sie sammelt Informationen, um zur Unterstützung politischer Veränderung beizutragen. Das normative Interesse kommt auch darin zum Zug, dass soziale Probleme wie Armut, Folter und Vergewaltigung auf die Ebene der Menschenrechte gehoben werden.

Konzeptionell bestimmt sind Menschenrechte als Güter der zwischenmenschlichen Solidarität (133 ff.). Sie sind Rechte, die Menschen in gleicher Weise wahrnehmen und geniessen, um in Freiheit und Würde zu leben – und dies angesichts immenser globaler Ungleichheit. Würde nun beruht auf der persönlichen Fähigkeit, kulturell definierte Bedürfnisse, die Konsistenz aufweisen können oder auch nicht, zu verwirklichen. Ganz bedeutsam für diese Fähigkeit sind das subjektive Verarbeitungsgeschick von „interactional affronts", mit denen jederzeit zu rechnen ist, und seine Folgen auf das Selbst.

3.3 William T. Armaline, Davita Silfen Glasberg und Bandana Purkayastha: Menschenrechte als soziales Unternehmen

Armaline und seine Mitstreiterinnen wollen den Nachweis der besonderen Nützlichkeit politischer Soziologie für die Interpretation, Kritik und „Reinvision" der zeitgenössischen Menschenrechtspraxis führen (2015). Menschenrechte, ob zivile, politische, soziale oder kulturelle, gelten ihnen als Ausdruck und Verkörperung institutionalisierter Machtverhältnisse in Form von Vereinbarungen und Verträgen zwischen Staaten. Forschungsleitend ist darüber hinaus die Annahme, die Formulierung und Verwirklichung von Menschenrechten müsse häufig von sozialen Bewegungen angestoßen und erkämpft werden. Insofern wird Menschenrechtsforschung zwangsläufig zur Analyse des Wirkens von Bürgerrechtsbewegungen bis hin zu den aktuellen Aktivitäten gegen Globalisierung, Krieg, Umweltzerstörung und die Dominanz von Kapitalinteressen.

Armaline/Glasberg/Purkayastha sehen sich in einem festen Bündnis mit den sozialen Kampagnen für die Etablierung und Durchsetzung von Menschenrecht und Menschenwürde. In diesem Sinne verfolgen sie eine kritische Soziologie der Menschenrechte (10 f.), die den Staat und seine Institutionen in einen strukturell orientierten Rahmen stellt und kritisch prüfen will, inwieweit die relevanten Akteure und Institutionen des formalen Menschenrechts dieses in ihrem Tun tatsächlich fördern oder aber was wahrscheinlicher ist, eher behindern.

3.4 Bryan H. Turner: Menschenrechte zwischen Verwundbarkeit und Prekarität

Ich denke, zu Unrecht unbeachtet geblieben ist bisher Bryan H. Turners körperorientierte Soziologie der Menschenrechte (Turner 2006). Das könnte sich aber mit dem aktuellen Boom der Vulnerabilitätsforschung ändern (Stöhr u. a. 2019). Turner stellt das Phänomen der individuellen Verwundbarkeit, körperlich wie spirituell, in den Mittelpunkt seines theoretischen Ansatzes. Das Bewusstsein der eigenen Verwundbarkeit und ihrer potentiellen Gefährdungen hat den Rang einer aller Gemeinschaft gemeinsamen Grundlage. Menschenrechte als Kultur und Gesetzgebung sind in diesem Sinne als ein sozialer Versuch zu verstehen, vor Verwundung, also Leiden und Schmerz, zu schützen (27).

Unsere ontologische Verwundbarkeit zwingt uns Menschen, so Turner, in soziale Abhängigkeitsverhältnisse, erleichtert allerdings durch auch vorhandene Verbundenheit. Der von den zuständigen gesellschaftlichen Institutionen zum

Integritätserhalt erwartete Schutz kann von diesen jedoch aufgrund ihrer eigenen prekären Natur nicht hinreichend perfekt und effizient erbracht werden. Sie versagen typischerweise darin, sozialen Wandel angemessen zu verarbeiten und Konflikte zwischen individuellen und kollektiven Interessen zu lösen oder nur miteinander zu versöhnen (31). Das zeigt sich unter anderem an der Labilität der globalen Finanzmärkte, der globalen Ausbreitung von Krankheiten, der Gefährdung der Umwelt, wie am organisierten Verbrechen und Drogenhandel.

Turners Analyse ist also insofern eine kritische, als sie sich auf das Scheitern der Institutionen konzentriert, die eigentlich Schutz bieten sollten. Und sie verpflichtet sich der ehrgeizigen Absicht, die Menschenrechte soziologisch zu verteidigen (13).

3.5 Bettina Heintz: Menschenrechte als globale Wertekommunikation

In der deutschen Soziologie haben Menschenrechte als Forschungsthema noch kaum Fuß gefasst. Immerhin ist 2013 ein Sammelband mit internationalen Theoriebeiträgen und empirischen Studien erschienen (Heintz und Leisering 2013), mit der einen oder anderen Aktivität in der Folge (so Kastner 2017). Bedeutsam für meine Belange sind vor allem die darin enthaltenen Überlegungen von Bettina Heintz zu einer soziologischen Theorie der Menschenrechte.

In diesen entwirft sie Ausgangspunkte und Programm einer globalen (Wissens-) Soziologie ihres Gegenstands. Wobei ihr gleich klar ist, dass sich die verbreitete Sicht auf Menschenrechte durch die Vermengung von Normen und Analyse auszeichnet und es mit reiner Forschung nicht so leicht ist. Heintz formuliert mehrere theoretische Vermutungen: Menschenrechte zeichnen sich durch gesellschaftliche Differenzierungserwartungen aus. Sie drücken die Globalisierung des „Kults des Individuums" (57) aus. Menschenrechte müssen in erster Linie aber als Wertekommunikation gesehen werden, das heißt analytisch zu berücksichtigen sind sowohl ihre Wertefunktion als auch ihre kommunikative Dimension (3 f.). Auch in ihrem Wandel sind sie nicht zu verstehen, wenn sie nicht auch als kommunikativer Tatbestand untersucht werden. Menschenrechte befinden sich schließlich in Konkurrenz mit anderen machtvollen heiligen Werten, speziell religiöser Herkunft.

Die Zielsetzung einer Soziologie von Menschenrechten und Menschenwürde besteht für Heintz vorerst darin, die Etablierung dieser Phänomene als gesellschaftliche Selbstverständlichkeit zu verfolgen, die weltgeschichtlichen

3.5 Bettina Heintz: Menschenrechte als globale Wertekommunikation

Ursachen dafür zu ermitteln und die Diskrepanzen zwischen Wertformulierung,- verinnerlichung und -umsetzung durch praktisches Handeln herauszuarbeiten.

Soziologisch anregende Beiträge der Würdephilosophie

Der Menschenwürdediskurs ist von Anfang an und auch jetzt noch überwiegend philosophisch bestimmt. In ihm geht es in treuer Bindung an die ideengeschichtliche Tradition um Fragen der Begründung und Begründbarkeit des normativen Status von Würde insgesamt wie auch in einzelnen Handlungsfeldern. Den Ort der Analyse markiert der würdevolle Mensch der Menschenrechte (Tiedemann 2014; von der Pfordten 2016).

Seit Jahrzehnten schon lässt sich aber auch eine zunehmende Offenheit für die Existenz von zwei unterschiedlichen Würden, der des Rechts und der Interaktion, der inhärenten oder kontingenten, zuerkannten oder sozial erworbenen beobachten. Zumeist bleibt es bei einer Anerkennung ohne weitere Konsequenzen. In einigen Fälle vollziehen sich aber auch höchst interessante Grenzüberschreitungen. Würdephilosophische Ansätze, von denen sich soziologisch das eine oder andere lernen ließe, werde ich jetzt kurz beschreiben. In anderen Teilen der Einführung werden philosophische Einsichten und Befunde noch deutlich stärker herangezogen. Vor allem bei der Analyse von verbreiteten Würdekonflikten und, mehr noch, der Formen und Prozesse von Würdeverletzung lässt sich eigentlich kaum mehr ein Unterschied zwischen Beiträgen formell philosophischer und soziologischer Herkunft erkennen. Auch soziale Würde wird philosophisch als Frage der angewandten Ethik behandelt, beispielsweise als Problem von Pflege und Psychiatrie, des Sterbens, der Strafe und der Diskriminierung. Es ist dann erst wieder die systematische Verbindung von etwa Demütigung und gesellschaftlicher Ungleichheit, mit welcher sich der soziologische Zugang profiliert. Wie auch die Orientierung auf empirische Forschung hin.

4.1 Peter Bieri: Würde als Lebensform

Der Schweizer Philosoph Peter Bieri thematisiert Würde als den menschlichen Versuch, die vielfältigen Gefährdungen des Lebens unter Kontrolle zu halten (Bieri 2013, 15). Würde schafft ein lebenspraktisches Gleichgewicht. Die Auseinandersetzung mit ihr bezieht sich auf die unterschiedlichsten Daseins-Situationen, existentiell dramatischen wie auch ganz alltäglichen. Bieri arbeitet insofern würdephilosophisch, als er soziale Konfliktsituationen, literarisch beschriebene wie selbst aufgefundene, argumentativ daraufhin diskutiert, inwieweit sie Würdenormen entsprechen oder eher verletzen.

Bieris Darlegungen umkreisen ein Dilemma der Würde, d. h. den Widerstreit zwischen unterschiedlichen Würdeerfahrungen, die Menschen machen. Das Eintreten für die eigene Würde kann andere bevormunden und ihre Würde gefährden und umgekehrt mag es der Fall sein, dass ich meine eigene Würde aufs Spiel setze, um die Selbstbestimmung anderer zu schützen (54).

Bieris Ansatz zur Würdeanalyse ist in mehrfacher Hinsicht soziologisch anregend und nutzbar: Er basiert auf der Konflikthaftigkeit und permanenten Bedrohtheit der Würde, sieht das subjektive Gewahrwerden erst im Augenblick der Beschädigung und setzt eine Art Nachweispflichtigkeit von Würde im sozialen Leben voraus. Auch sind die von ihm behandelten Konflikte in einem nicht unerheblichen Teil interaktiver Art. Und schließlich findet die Realität der Entwürdigung bei ihm besonderes Interesse und spürt er ihrer Natur und ihrer gängigen Praxis nach. Sei es anhand von Demütigung und Missachtung, Distanzierung und Manipulation, der Beschämung oder des Mitleids.

4.2 Eva Weber-Guskar: Würde als Haltung

Eva Weber Guskar interessiert sich nicht konventionell philosophisch für Würde als Idee oder Status, sondern bestimmt sie als kontingente Verfassung von Menschen (Weber-Guskar 2017). Sie wird als eine graduell abgestufte Haltung untersucht, die sich durch die subjektive Übereinstimmung mit dem eigenen Selbstbild auszeichnet (217 ff.). Würde gewinnen und besitzen wir, indem wir selbst gesetzten Normvorstellungen gerecht werden. Würde geht Weber-Guskar zufolge in der Realität durch Selbst-Verfehlungen auch immer wieder verloren – kann aber auch wiedererlangt werden. Auch wenn Weber-Guskar die entwürdigende Macht von etwa Demütigung und Folter durchaus im Blick hat, neigt sie freilich dazu, Würde als etwas zu sehen, dass wir uns letztlich nur selbst nehmen können. „Keine Behandlung ist an sich eine Entwürdigung, es kommt immer darauf an, wie sie aufgenommen wird" (229). Das ist ein sehr hoch angesetztes Verständnis von Würde als innerer Kompetenz, mit dem vermutlich große Realitäten von Würdeempfinden und Würdekonflikten unbeachtet bleiben müssten.

4.3 Avishai Margalit: Würde als verkörperte Selbstachtung

Avishai Margalit greift in seinem einflussreichen makroethischen Modell der anständigen Gesellschaft die Würdekategorie auf (Margalit 2012). Allerdings weit weniger als der deutschsprachige Titel seiner Studie „Politik der Würde" es nahelegt.

Eine Gesellschaft ist für Margalit in dem Maße anständig, wie ihre Institutionen so beschaffen sind, dass sie auf demütigendes Handeln verzichten können. Im Zentrum seines Interesses steht das „Negative" als der Normalfall, nämlich die Demütigung. Sie ist wissenschaftlich darum bedeutsamer als Achtungs- und Würdefragen, weil es direkt demütigende Handlungen zu beobachten gibt, ihr Gegenüber Achtung aber durch anderes Tun quasi miterwiesen wird. Weil es Als zweitens sehr viel dringlicher sei, schmerzhafte Aktivitäten zu beenden als im Sinne von Achtung Gutes zu schaffen. Und weiterhin, weil sich Demütigung als Angriff auf Gesellschaftsangehörige leichter identifizieren lässt als typischerweise defensiv angelegtes Respektieren anderer (16 f.).

Menschliche Selbstachtung bezeichnet das von der analytisch favorisierten Demütigung Bedrohte und Verletzte. Sie wird als der Anspruch bestimmt, mit meinen Überzeugungen, Gefühlen und Handlungsweisen, d. h. in meiner Integrität respektiert zu werden. Selbstachtung als innere Einstellung entspringt dem Gefühl, als gleichwertiges Mitglied der Menschengemeinschaft behandelt zu werden. Als das Äußere der Selbstachtung als subjektiver Wertorientierung kommt nun die Würde ins Spiel. Würde wird durch würdiges, Selbstachtung vermehrendes Handeln erzeugt und ist gleichzeitig deren Verkörperung und Bezeugung. Würde ist ein emotional geprägtes Phänomen – Margalit vergleicht sie mit dem gehobenen Gefühl des Stolzes – und schon darum höchst verletzlich. Sie bezeichnet sozusagen einen heiligen Bereich des menschlichen Körpers. So wie also Würde als Bekundung von Selbstachtung durch positives Handeln gilt (61 ff.), scheint sie mehr oder Wertvolleres als nur Selbstdarstellung im soziologischen Sinne etwa Luhmanns zu sein. Worin aber sie im Einzelnen besteht, und wie sie sich zeigt, wird von Margalit selbst nicht thematisiert.

4.4 Pablo Gilabert: Würdephilosophie „dignitaristisch"

Wohl kein anderer philosophischer Ansatz dürfte so stark würdebasiert wie der von Pablo Gilabert (2018) sein. Gilabert beschreibt seine Erkenntnisaktivität so ungewöhnlich wie ambitioniert als dignitaristische Forschung. Würde wird also zum einen zum einzigen und absoluten analytischen Ausgangspunkt gemacht. Zum anderen aber auch zu Ziel und Thema eines normativ-kritischen Schutzprogrammes.

Im Sinne einer Grundlegung erarbeitet Gilabert ein konzeptionelles Netzwerk der Würde. Es beinhaltet ein Konzept der Würde als normativer Status, die unterschiedlichen Bedingungen der Würdegewährung, die Erscheinungsformen der Würde, in denen zwischen garantierter Status- und vom Handeln anderer, speziell gesellschaftlicher Funktionsträger abhängiger Bedingungswürde sowie zwischen Basiswürde und maximaler Würde unterschieden wird, und dignitaristisch bedeutsame Rechte und Pflichten. In den Blick genommen werden aber auch die Umstände der Würde, d. h. Verhältnisse, in denen Würdenormen praktisch bedeutsam sind. Bei deren Analyse stößt Gilabert auch auf die neben den menschlichen Fähigkeiten wirksamen ökonomischen Bedingungen wie Armut und Arbeitslosigkeit. Würde gilt dementsprechend als auch sozial determiniert. Und sie wird als dynamische Würde, als im gesellschaftlichen Wandel von Pflichterfüllungen, Handlungskapazitäten u. a. befindlich wahrgenommen.

4.5 Seyla Benhabib: Würde diskurstheoretisch

Seyla Benhabib darf sicherlich als Vertreterin einer diskurstheoretischen Würdephilosophie bezeichnet werden. In ihrem 2011 erschienenen Buch „Dignity in Adversity. Human Rights in Troubled Time" (deutsche, stark veränderte Ausgabe 2016) entwirft sie ein normatives Konzept, welches auch in der empirischen Analyse verwendbar sein soll. Und sie versteht sich, auch damit Nähe zur Soziologie herstellend, als „kritische Theoretikerin des Sozialen" (2016, 158). Würde als globales Phänomen ist genuiner Teil der Menschenrechte – Benhabib spricht von ihnen in Anlehnung an Hannah Arendt. als dem Recht, Rechte zu haben.

Würde ist in den zu kosmopolitischen Normen der Gerechtigkeit aufsteigenden Ansprüchen, welche die Anerkennung als moralische Person ausdrücken (38), stets mitgemeint und mitbehandelt. Allein ihr geltende Überlegungen gibt es dagegen wenige. Was sich aus dem Ausgeführten als Wichtigstes erschließen lässt: Menschliche Würde bezieht sich einerseits auf gegenseitig geschuldeten

4.5 Seyla Benhabib: Würde diskurstheoretisch

Respekt, berücksichtigt andererseits unsere Verwundbarkeit durch die beträchtliche Chance, diesen eben nicht zu erhalten oder wieder einzubüßen. Jemandem mit Würde zu begegnen, heißt Achtung zu erbringen. Selbstverständlich gefordert ist der Verzicht auf Ausübung von Gewalt und Grausamkeit.

Würde besitzt bei Benhabib offenkundig eine interaktive Dimension. Sies ist darüber hinaus gesellschaftlich etwas prinzipiell Umkämpftes.

Teil II
Die soziale Welt der Würde

Würde als Thema sozialen Handelns 5

Der Überblick über die bedeutsamsten Positionen der soziologischen Würdetheorie machte deutlich, dass sich in der Würdewissenschaft neben den traditionellen begründungsorientierten Zugangsweisen aus Philosophie und Rechtswissenschaft eine alternative Analyseperspektive entwickelt hat. In dieser geht es um die soziale Welt der Würde, wird sie auf der Mikroebene als soziale Begegnung, Haltung, Zuschreibung, gewichtiger Teil personaler Identität, makroorientiert als leitende integrative Wertvorstellung und, bislang nur Postulat, in ihrer Abhängigkeit von gesellschaftlichen Rahmenbedingungen zum Thema gemacht.

Soziale Würde als im menschlichen Zusammenleben erfahrene, errungene, behauptete und auch bedrohte Würde ist etwas, was sich von der rechtlich fixierten, institutionalisierten Menschenwürde in mehrfacher Hinsicht unterscheidet. Und dies nicht nur analytisch; auch in Alltag und Öffentlichkeit wird problemlos und häufig unerklärt zwischen unbefragter „heiliger" Menschenwürde und der gesellschaftlichen Realität des individuellen Kampfes um Würde getrennt (s. Abb. 5.1). Für Menschenwürde sind die Geburt in der Menschenrechtsrevolution, der feste lebenslange Besitz, die Universalität, die Gleichheit im Würdezugang, die Werthaftigkeit und die politische Bedeutung das Bezeichnende. Soziale Würde dagegen ist flüchtig, immer wieder neu aufwendig und risikoreich zu erwerben, der Fremdbewertung ausgesetzt, angelehnt an die gesellschaftlichen Verhältnisse ungleich verteilt, jederzeit gefährdet. Auch kann sie emotional erlebt und körperlich ausgedrückt werden.

Die beiden Würden befinden sich andererseits aber in einer starken Verbindung. So macht die historische Deklaration von Menschenwürde als Grundausstattung des Humanen würdegestützte und -orientierte soziale Interaktion erst möglich. Und so ist jeder im zwischenmenschlichen Alltag erhobene Anspruch auf Würdebesitz durch das Vorhandensein von Würde als Rechtsstatus beeinflusst, legitimiert und gestärkt. Auch lassen sich beide Würden – eben nur

Menschenwürde	soziale Würde
Status Grundrecht von und für Menschsein	Individueller Wunsch, Zuschreibung, situativ
Basis Unbestreitbar, unwiderruflich	Laufende Bestätigung erforderlich
Verfügung Individueller Besitz	Veränderlich, Konfliktgegenstand
Verteilung Universalität, Gleichheit	Ungleichverteilt, leistungsgebunden
„Fundort" Dokumentiertes Wertkonstrukt	Erfahr- und Beobachtbarkeit
Bedeutung Gegenstand von Menschenrechtspolitik und sozialen Bewegungen	individuelle Handlungsorientierung
Verbreitung auch auf nicht-menschliche Tiere übertragbar	nur in zwischenmenschlichen Beziehungen

Abb. 5.1 Menschliche Würde. (Eigene Darstellung)

unterschiedlich gültig und verbindlich normiert – gleichermaßen als Produkt von Herstellungsprozessen betrachten. Durch ihren Bezug auf Achtung und Autonomie teilen Menschen- und soziale Würde auch das Schicksal der genuinen Verwundbarkeit. Und schließlich erstrecken sich Menschenrechte und -würde inzwischen in Form etwa von Arbeits-, Bildungs- und Gesundheitsregelungen durchaus auf das im engeren Sinne Soziale. Das heißt andersherum, dass das, was im gesellschaftlichen Leben von Menschen an Autonomie und Respekt gewünscht und gefordert wird, auch zunehmend an formaler Verbindlichkeit gewonnen hat.

5.1 Begriffsbestimmung der Würde

Würde steht mit ihrer Thematisierung in einem analytischen Zusammenhang von so angesehenen Größen wie Wert, Rolle, Selbst, Bedürfnis, Achtung, Lebensform, Fähigkeit, Ressource. Von daher bieten sich für ihre begriffliche Bestimmung eine Menge Ausgangspunkte. Definitorische Entscheidungen können vom Selbstverhältnis ausgehen (so etwa Margalit), von der Darstellungsleistung der Würdeinteressenten (Luhmann), von der subjektiven Autonomie als würdestiftend (Poferl), dem Würdigungsverlauf, vom erhobenen Würdeanspruch, der Würdeerfahrung, der erlebten Chance zu Authentizität, schließlich noch der Freiheit von sozialer Sanktionierung. Diesen einen Aspekt favorisieren oder mehrere gleichbedeutsam finden. Dabei sind die „schönen" oder moralisch „zeitgeistigen" Definitionen nicht unbedingt die analytisch leistungsfähigsten, die uns sagen, was zu erforschen und kritisch zu prüfen ist. Ein Beispiel dafür bietet sich bei Eveline Lindner (2021, 6). Sie setzt mit Überzeugung, wie ihre Würdestudien belegen, fest: „Dignity is the ability to stand tall with open arms, lovingly welcoming all others into mutual responsibility as equal in worthiness".

Würde als Begriff soll, so mein Interesse, rekonstruieren, was im gesellschaftlichen Alltag von den in Rollen und Mitgliedschaften handelnden Menschen für gewöhnlich auch als Würde eingeschätzt wird. Es ist vor allem zu klären, worauf sich die Betroffenen beziehen, wenn sie glauben, würdevoll oder unwürdig behandelt worden zu sein oder selbst gehandelt zu haben.

Schwierig für eine Begriffsbestimmung, die sich, wie mir vorschwebt, eng an die soziale Realität der Würde anlehnt, wird es dadurch, dass sozialwissenschaftliches und alltagspraktisches Würdeverständnis in manchem voneinander abweichen. Und in der Lebenspraxis je nach Schauplatz und betroffenen Personen weiterhin große Unterschiede darin bestehen, was unter Würde verstanden und welche Bedeutung ihr beigemessen wird.

Es ist auf jeden Fall zu berücksichtigen, dass sich das alltägliche Reden über Würdefragen in mehrfacher Hinsicht vom Wort Würde entfernt, das heißt, dieses gar nicht einsetzt oder nur in konkretisierter Form oder anders akzentuiert als wissenschaftlich üblich. Wenn Menschen in ihrem Alltag Würde – wie hier verstanden – erleben oder diese verletzt sehen, dann greifen sie, um das Erfahrene auszudrücken, vermutlich sogar nur im „Ernstfall" zum Würdebegriff. Vielmehr ist für gewöhnlich die Rede davon, respektiert, anerkannt, die gewünschte Aufmerksamkeit als Privatperson oder Rollenträger erhalten zu haben, ernst genommen worden zu sein. Das bedeutet im Einzelnen, sozial geltende Regeln und Grenzen wurden eingehalten, Indiskretionen vermieden, ich stieß auf genügend Interesse und Anteilnahme und konnte so sein, wie es mir gemäß war.

Erwähnenswert ist noch eine andere sprachliche Besonderheit in der alltäglichen Würde- und Würdigungspraxis. Anders als in der wissenschaftlichen Argumentation zu finden, charakterisieren Menschen nicht selten etwas auf sie störend Zukommendes, dass es „unter ihrer Würde" sei. Grundsätzlich geht es hier wohl darum, sich im Sinne einer defensiven Strategie den Anschein von Überlegenheit zu geben, sich als nicht betroffen zu definieren, Distanz herzustellen. Andere sind im Begriff, meine Geduld zu überfordern, halten Vereinbarungen und Verpflichtungen nicht ein, missbrauchen mein Vertrauen. Es wird mir also offenbar von anderen etwas potentiell zugemutet, das, täte ich es oder ließe ich es, gegen meine Selbstachtung verstoßen würde.

Schließlich will ich noch auf die private wie öffentliche Verbreitung von latenten Normvorstellungen verweisen, welche häufig absolute Aussagen darüber treffen, was es hieße, etwas existentiell Bedeutsames, sei es einen persönlichen Verlust, eine Krise oder gar Katastrophe mit Würde zu tragen. Daneben bietet der sprachliche Alltag in Sachen Würde noch manche Anregung, wenn Würde in Verbindung mit Zuschreibungen wie vertrauenswürdig, glaubwürdig, kreditwürdig, kritikwürdig, liebenswürdig u. a. auftaucht.

Jetzt aber vom diesem Diskrepanzproblem zurück zum Bestimmen des spezifisch soziologischen Würdebegriffs. Im Folgenden werde ich zwei für mich anregende Begriffsansätze umreißen, um dann meinen eigenen Zugang zu präsentieren.

Nora Jacobson gewinnt ihr Begriffsverständnis durch Kategorienbildung aus qualitativer Sozial- (genauer Gesundheits-) forschung (Jacobson 2012). Sie führt 64 Interviews mit durch Gesundheitszustand oder darüber hinaus sozialen Status marginalisierte Personen, in sozialen Diensten Tätige und schließlich im Bereich von Gesundheit und Menschenrechten Leitenden und Beratenden durch. Aus den mitgeteilten Erfahrungen analytisch aufgenommen wird Folgendes: Soziale Würde – prinzipiell messbar, verletzbar und förderbar – lässt sich in Selbstwürde und Beziehungswürde unterscheiden, umfasst hier Selbstwert und Selbstrespekt, die sich in Vertrauen und Integrität niederschlagen und Erfahrungen des Gewürdigtseins ausdrücken, bezieht sich dort auf die Herstellung von Respekt und Wert in individuellem und kollektivem Handeln.

Würde vollzieht sich grundsätzlich in sozialer Begegnung. Eine Würdebegegnung ent – und besteht dann, wenn Würde im Rahmen einer sozialen Interaktion in den Vordergrund tritt, sei es, weil sie verletzt oder besonders gefördert wird. Würdebegegnungen können sich an allen privaten und öffentlichen Orten entwickeln. Und sie sind, da wiederhole ich mein Jacobson-Porträt, in Struktur und

5.1 Begriffsbestimmung der Würde

Verlauf sozial determiniert. Durch die Rahmenbedingungen, die Umstände, die ungleich mächtigen Beteiligten. Ich bestimme hier Würde als emotionale Erfahrung, welche mit dem Erleben und Haben von Würde verbunden ist. Teil dieser subjektiven Erfahrung sind das Gefühl der Selbstachtung, die dadurch mögliche emotionale Sicherheit und ein aus der alltäglichen Anerkennung in Form von Beachtung und Bestätigung erwachsenes Gefühl. Jedoch bleibt die Erfahrung der Würde auf die Fähigkeit wie die Chance angewiesen, sich in sozialen Situationen angemessen zu präsentieren.

Mein Zugang zum Verständnis von Würde übernimmt die genannten Bezüge auf Erfahrung, Begegnung, Selbstachtung und Respekt. Ich konzentriere mich, was die Fähigkeiten anbelangt, auf Selbstbestimmung und ziehe schließlich zur Würdebestimmung noch die Authentizität der erbrachten Selbstdarstellung heran.

Würde bezieht sich auf Handlungen in durch ihre Bedeutsamkeit herausgehobenen sozialen Situationen, die von den Handelnden selbst als im hinreichenden Einklang mit ihren Ansprüchen auf Anerkennung und Selbstbestimmung eingeschätzt werden. Ich sehe Würde als eine innere Vorstellung von unseren Wünschen nach Selbstachtung und deren lebenspraktische Umsetzung. Eine Person erlebt sich in einer konkreten sozialen Situation als über Würde verfügend, wenn sie so handelt und behandelt wird, dass ihre (Selbst)Achtung erhalten bleibt oder auch gestärkt wird. Das bedeutet auch, sie ist relativ authentisch, orientiert sich an ihren zentralen Werten und bestimmt über sich selbst. Knapper noch: Sie ist mit dem identisch, was sie will, tut und ist.

Mit Blick auf zeitliche Begrenztheit, Stabilität und Reichweite lässt sich die soziale Würde als einerseits menschliche Erfahrung, andererseits als Stellung in der Welt unterscheiden. Die individuelle Würdeerfahrung umfasst das Empfinden von Selbstachtung, erlebte Autonomie, die erreichte Authentizität und den Erhalt von Respekt und Wertschätzung. „Verfestigte" Würde setzt sich dagegen aus Würdeidentität, Wertorientierung, den relativ hohen Chancen zu würdigem Verhalten, Besitz von würdefördernden Fähigkeiten und die Verfügung über „würdeträchtige" soziale Rollen zusammen.

Die hier (nur für die Zwecke des Einführungstextes) bestimmte Würde ist als soziales Phänomen bewusst erfahr- und kommunizierbar. Also etwas, das tatsächlich empfunden wird oder auch nicht, nicht nur von außen als vorhanden zugeschrieben wird. Würde ist beziehungs- und konfliktorientiert, das heißt, sie muss immer wieder gegenüber anderen Menschen geltend gemacht und häufig auch gegen Widerstand behauptet werden. Sie ist „negativistisch" als etwas bestimmt, dessen Anwesenheit und Bedeutung sich erst in seiner Bedrohung und

Verletzung erweist. Und nicht zuletzt ist Würde, um erfolgreich gelebt zu werden, auf Wohlstand, Gesundheit, Gerechtigkeit und Teilhabe angewiesen. Also auch durch etwa Armut, Ungleichheit und Diskriminierung behindert.

Empirisch erforschbar wird Würde durch die vorgeschlagene Definition aber noch keinesfalls. Denn sie ist flüssig und flüchtig, als individuelles Handeln und Selbstverhältnis ständig in Bewegung, und sie tritt in den verschiedensten Ausprägungen und Zusammensetzungen auf. Es ist für die mit Würde Erfahrenen schwierig zu entscheiden, ob ein Geschehen noch würdig oder schon unwürdig war und zu reflektieren, wovon die Bewertung im Einzelfall abhängt. Wobei die Einschätzungen sich jederzeit ändern können. Und natürlich ist auch bedeutsam, wie folgenreich das je Empfundene sein wird.

Tatsächlich vollzieht sich die empirische Ermittlung von Würde, sofern überhaupt versucht, fast nur qualitativ. Und dann wird in den Forschungen – zuletzt gab es einige zur Würde in der sozialen Arbeit (Schmidt 2021) – eher nach dem leichter erfragbaren Erleben von Würdeverletzungen geschaut. Ein anderer Weg bietet sich mit der Konzentration auf handlungsleitende Würdenormen, wie sie in Ordnungen und diversen Dokumenten der jeweiligen Institution festgehalten sind.

Wenn Sozialforscherinnen und – forscher sich aber nicht an die Stellungnahmen Würde erlebender Menschen halten, um das Phänomen zu identifizieren oder gar zu messen, sondern sein Vorhandensein von außen, etwa durch zuvor festgelegte Indikatoren prüfen, ist dies nicht minder schwierig und sicher mit größerer Willkür behaftet. Was muss eine konkrete Situation im Einzelnen und in welcher Stärke und Kombination aufweisen, wie muss sie ablaufen, um als würderelevant und auch würdeerzeugend eingestuft zu werden? Wir werden diesen Forschungsproblemen noch mal begegnen, wenn es um Vorkommen und Wandel von sozialer Würde in einzelnen ausgesuchten Konfliktfeldern geht.

5.2 Würde und Selbstachtung

Das für die Konstituierung von Würde auf der Personebene wichtigste Element ist offenkundig die Selbstachtung. Ohne hinreichende Selbstachtung lässt sich Würde gar nicht oder nur ganz eingeschränkt erringen. Und Würdebesitz wiederum erzeugt und stärkt Selbstachtung.

Im Prozess des Erwerbs und Behauptens von Würde stellen sich an entscheidenden Punkten Fragen der subjektiven Selbstachtung: Was gebietet mir meine Selbstachtung in dieser Situation? Wie kann ich sie schützen – sei es nur durch Wahrnehmung der potentiellen Bedrohlichkeit, sei es, durch präventives und korrigierendes Handeln? Wie kann ich sie bewahren, obgleich es mir in einer besonderen Situation an Würde fehlt und/oder sie mir geraubt wird? Wie kann sie sich mit meinen Unzulänglichkeiten und Fehlern selbstwerterhaltend arrangieren, sich auf einem geänderten Niveau einpendeln und stabilisieren?

Selbstachtung als Teil unseres Selbstverhältnisses ist unbedingt von Selbstvertrauen, als Ergebnis von Fürsorge und Liebe, und Selbstwert als Antwort auf soziale Anerkennung abzugrenzen (Lelord und Andre 2018), drückt sich in der eigenen Einschätzung autonom, urteilsfähig und „echt zu sein, aus; ist das Gefühl", einen Anspruch darauf zu haben, von anderen in Tun und Haltung ernst genommen zu werden, aber auch sich selbst gegenüber zur Achtung verpflichtet zu sein. Schließlich setzt sie eine Vorstellung davon voraus, wer und wie man sein möchte und wie man leben will.

Ich denke, sofern sich Selbstachtung nur auf Würde bezieht und nicht anderen Themen gilt, verfügt sie über drei unterschiedliche Dimensionen. Sie hat einmal einen rechtlich-politischen Aspekt: Ich habe einen Anspruch darauf, mit meinen Überzeugungen, Gefühlen und Handlungsweisen respektiert zu werden. Es gibt zweites eine interaktive Dimension: Ich respektiere die moralische Integrität meiner Mitmenschen und versuche in diesem Sinne zu handeln. Und drittens gibt es den subjektiven Aspekt: Ich orientiere meine Lebenspraxis so gut ich kann, an meinen Werten, Überzeugungen und Selbstansprüchen.

Bei aller Verschränktheit können Selbstachtung und Würde auch relativ unabhängig voneinander sein. Das heißt einmal, die erlittene Würdeverletzung kann unter bestimmten Bedingungen – gegenteilige Erfahrungen anderswo, Bündnisse mit ähnlich Betroffenen, Abwertung des Gegenübers, Würdigung der eigenen Unterlegenheit – ohne negative Auswirkungen auf die Selbstachtung sein. Genauso können die erfahrene Würdigung oder das gezeigte würdevolle Verhalten ohne positive Wirkung auf die aktuelle Selbstachtungshöhe bleiben. Vielleicht weil sie als Selbstverständlichkeit und Normalität gelten, vielleicht weil die jeweils beteiligten Personen zu wenig bedeutsam für uns sind.

5.3 Erscheinungsformen der sozialen Würde

Soziale Würde bezieht sich auf eine wirkliche Vielfalt von sozialen Situationen, umfasst recht triviale Anlässe des Achtens und Geachtetwerdens auf der einen Seite des Spektrums, autonomieraubende existentielle Erfahrungen wie Kranksein und Sterben auf der anderen Seite. Es ist darum eine lohnende Aufgabe, die

„anerkannten" Formen, in welchen Würde erscheint, zu erheben und zu unterscheiden. In den dargestellten Theorieansätzen gab es schon erste Vorschläge. So haben Hitlin und Andersson (2015) ja zwischen erworbener und zugeschriebener, situationeller und lebenslanger, reflexiver und von außen eingeschätzter Würde getrennt. Erheblich verbreiteter ist aber eine Typologie des Gesundheitswissenschaftlers Lennart Norderfeldt (2004). Er unterschiedet zwischen durch den sozialen Rang bestimmter Würde, moralisch-existentieller Würde, jener der individuellen Identität und der universalen Menschenwürde. Bei Donna Hicks (2011) wird eine bedenkenswerte Gegenüberstellung von authentischer und falscher Würde angeboten. Soziologisch ließe sich „falsch" als den Gefühlen und Bedürfnissen der jeweiligen Würdebeanspruchenden nicht wirklich entsprechend bzw. nur vorgetäuschte verstehen und auch empirisch prüfen. Hicks freilich arbeitet mit einem normativen Konzept der wahren Würde als vollständige Akzeptanz unserer Existenz (116).

Ich knüpfe hier an die schon vorhandenen Typologien der Würde an und unterbreite in Abb. 5.2 einen eigenen Vorschlag. Er unterscheidet das Phänomen Würde anhand der Kriterien Status, Auftreten, Ort, Verbindlichkeit, Legitimität, Beteiligte und Entstehungsweise. Wir werden den benannten Erscheinungsarten sicher noch einige Male begegnen. Begründungsbedürftig ist hier wohl die Kategorie der kollektiven Würde. Dass es so etwas gibt, wird zumeist ausgeschlossen. Ich sehe das aus drei Gründen anders: Erstens empfinden unverbundene Personen bei bestimmten sozialen Anlässen durchaus ähnliche und gleichzeitig auftretende Würdegefühle; Zweitens wird Würde gelegentlich von außen einer ganzen Gruppe zugesprochen oder entzogen; Drittens schließen sich in ihrer Würde betroffene Menschen unter bestimmten Bedingungen zu einmaligen oder dauerhafteren Reaktionsgemeinschaften zusammen.

5.4 Würde und Emotionalität

Das Beanspruchen und Erfahren von Würde umfasst mit der Bewertung von Situationen daraufhin, inwiefern sie meinen Bedürfnissen nach Selbständigkeit und Achtung entsprechen, stets auch emotionale Aspekte. Geachtet oder aber missachtet zu werden, produziert, stärkt oder schwächt vielfältige und ganz unterschiedliche Weisen des Fühlens. Würdebesitz etwa lässt gehobene Empfindungen wahrscheinlich werden, die Tatsache der Bedrohtheit der erlangten Würde wird

5.4 Würde und Emotionalität

Menschenwürde	soziale Würde	
Wertwürde Makrowürde	Handlungswürde Mikrowürde	
Beziehungswürde Wunschwürde	Identitätswürde Anspruchswürde	
Personale Würde	Rollenwürde	Amtswürde
Individuelle Würde	Kollektive Würde	

Abb. 5.2 Erscheinungsformen der Würde. (Eigene Darstellung)

je nach Handlungsmöglichkeit ängstigen, ärgern oder empören, ihr tatsächlicher Verlust kann sich unter Bedingungen der Beschämung vollziehen und als Folgeproblem Trauer entstehen lassen.

Wie sehr auch negative Emotionen in der spätmodernen Kultur der erfolgreichen Selbstverwirklichung bei ausbleibender Wunscherfüllung drohen, lässt sich auf einer allgemeineren Ebene durch pointierte Einsichten von Andreas Reckwitz (2019, 219 ff.) untermauern. Auch das Erlangen von Würde kann scheitern und emotional von Enttäuschungsproduktion begleitet sein. Wie Reckwitz unterscheidet, unter anderem durch „die Wettbewerbsstruktur großer Teile des sozialen Lebens; die Perpetuierung sozialer Techniken des Vergleichens; die Fragilität des Bewertungsmaßstabs des ‚subjektiven Erlebens'" sowie Problemen der Verarbeitung subjektiver Unverfügbarkeiten.

Während sich überwiegend nur Plausibles über die emotionale Seite der Würde, sagen lässt, ist der Würde-Scham-Zusammenhang auch schon Forschungsgegenstand. Besonders betont wird der Zusammenhang von Würde(beschädigung) und körperorientierten Schamempfindungen. Insbesondere aktuelle Darstellungen von Pflegebeziehungen mit offenkundig hohen Risiken der Überschreitung von Intimitätsgrenzen (Adam-Paffrath 2014; Immenschuh und Marks 2014) weisen in diese Richtung. Allerdings ist wohl nicht mehr nachgewiesen, als dass a) unterschiedliche Situationen der Enthüllung Würde sowohl

für die Beschämten selbst als auch die zu-nahe-Kommenden gefährden und sich
b) Missachtung eben auch in Form von Beschämung vollziehen kann. Jedoch
dürfte sich nur ein kleiner, indes besonders schmerzhafter Teil aller möglichen
Würdeverletzungen in so bloßstellender Form vollziehen, dass sich Schamgefühle
einstellen und geht es vielfach um ganz andere Themen als Grenzüberschreitung.

Die Beschäftigung mit Würde lässt uns auch nach der Bedeutung von Schuldgefühlen fragen. Ich schulde anderen, ihren Würdeanspruch zu achten. Gelingt mir dies nicht und werde ich meiner Missachtung gewahr, empfinde ich mit einiger Wahrscheinlichkeit Schuld. Diese lässt sich in vielen Fällen sicherlich leicht wieder abtragen – ob durch rasche Entschuldigung, Wiedergutmachung und Wiederherstellung, negativ durch Vergessen und Leugnen -, kann aber auch bei massiven Schädigungsakten zur fortdauernden moralischen Last werden.

Das Gefühl der Angst wird wie überall im gesellschaftlichen Leben auch für Würde und Würdigung zum dauerhaften Begleiter. Relativ konstruktiv als Furcht im Prozess der inneren Vorwegnahme von potentiellen Beeinträchtigungen der Achtung oder einfach nur besonderen Anstrengungen zum Erhalt; überwiegend schmerzhaft, wenn die innere Einengung oder gar Überwältigung durch Bedrohtheitsempfindungen Vertrauen auf Respekt und Selbstachtung mindert. Darüber hinaus lässt sich sicherlich ein erheblicher Ausschnitt menschlicher Bedrohtheitsgefühle als Entwürdigungsangst wahrnehmen: Die Angst, wie wir andere angemessen würdigen können, speziell in existentiellen Grenzsituationen; die Angst, den Kampf um die tägliche Würde nicht zu bestehen; die Angst des „Würdenträgers" vor unzureichender Inszenierung und Darstellung bis hin zur Entlassung aus würdeträchtigen Ämtern; die Angst vor einer würdegefährdenden oder gar würdelosen Zukunft, etwa durch Entwertung der alten Würdequellen; Angst vor der Entdeckung angemaßter Würde und Weiteres mehr. Als soziologische Beschreibung lässt sich einfach von subjektivem und sozialem Würdewandel sprechen.

Es zeigte sich schon, dass Würde wie auch ihre Verletzung für gewöhnlich von Selbstwertgefühlen begleitet sind, die in ihr Entstehen eingehen, gestärkt oder auch vermindert werden. Auch Stolz oder Übersteigerung Hybris können natürlich auftreten, wenn etwa das Aufrechterhalten oder die Zuschreibung von Würde besondere individuelle Leistungen erforderlich macht oder aber aus einem hohen Maße von Beachtetwerden entsprechendes Selbstbewusstsein erwächst.

Der Blick bleibt nun noch auf die Verbindung von Würde und aggressiven Gefühlen zu richten. Diese ist offenkundig möglich: Sei es, dass wir Empörung, Zorn, ohnmächtige oder rasende Wut erleben, wenn unsere Würde mutwillig und schmerzhaft verletzt wird. Sei es, dass uns der kraftvoll empfundene und ausgedrückte Ärger erst zu würdevollem Verhalten verhilft, uns also Ansprüche erkennen, Grenzen markieren und Bedürfnisse nach Autonomie durchsetzen lässt. Und zuletzt: Vorenthaltenes oder verweigertes Würdigen unserer Bedürfnisse und Aktivitäten kann gleichermaßen traurig machen wie erst recht unaufhebbarer Würdeverlust. Auch Gefühle des Verlustes von Wehmut bis Verzweiflung und Hoffnungslosigkeit verdienen also ein Mindestmaß an Beachtung, um dem Problem der verletzbaren Würde gerecht zu werden. Auch wenn soziologische Fragen im Vordergrund stehen.

5.5 Respekt, Anerkennung und Wertschätzung als Formen von zwischenmenschlicher Würdigung

Sowohl im Erleben der sich mitteilenden Menschen als auch in sozialwissenschaftlich orientierten Analysen steht Würde in einem meist undefinierten und unscharfen Konkurrenzverhältnis zu benachbarten Begriffen der zwischenmenschlichen Wert- und Achtungszuerkennung. Und, allgemeiner gefasst, auch der normativen gesellschaftlichen Integration. Eher selten werden diese klar voneinander unterschieden und dann auch je nach Eignung alternativ verwendet. Es überwiegen vielmehr Favorisierungen für das eine das andere Konzept oder auch ein gewisses Maß von Beliebigkeit im Begriffsgebrauch. In der Tat scheint es aber nicht einfach zu sein, eine einmal vollzogene definitorische Abgrenzung konsequent durchzuhalten. Und auch in meinem Text wird es bestimmt das eine oder andere Mal passieren, dass ich Würde sage, aber eher Respekt meine, oder eben umgekehrt.

In einem ersten Anlauf will ich für die Einführung so unterscheiden: Würde empfangen, heißt Achtung in einer sozial oder nur subjektiv herausgehobenen Situation erhalten; Wertschätzung bedeutet die Bestätigung meines Werts für ein bestimmtes Ergebnis im alltäglichen und vor allem institutionellen Umgang; Respekt,erlebt oder gezollt, heißt Bedürfnisse und Erfahrungen anderer beachten, ernstnehmen, als begründet bewerten; Anerkennung schließlich soll die soziale Annahme von Personen (gruppen)als zugehörig trotz Verschiedenheit meinen.

Bei Würde geht es also um Selbstachtung, bei Respekt um Status, bei Wertschätzung um ausgedrückte Anerkennung des Geleisteten, bei Anerkennung um Bejahung, Zugehörigkeit, Teilhabe. Jedoch ist der Zusammenhang der Phänomene doch um einiges komplizierter – und auch interessanter. Was mich hier noch einige Überlegungen zu den einzelnen Phänomenen anstellen lässt.

Respekt als „kleine" Achtung: Alltagssprachlich und auch in Teilen der Forschung, scheint die offensichtlich modernere Kategorie Respekt das Reden von

Würde deutlich zu überlagern. Respekt ist zu einer weit verbreiteten Alternative der individualisierten Ehre geworden, die dann nur ungenutzt bleibt, wenn es um zutiefst existentielle Situationen geht, Achtung in besonders dramatischer Weise verletzt wird oder sich Würde mit Menschenrechtsangelegenheiten verbindet. Respekt ist dem vorherrschenden Verständnis nach das sehr viel weiter verteilte Phänomen: Ohnehin, wenn wir zu ihm Statusrespekt – von unten nach oben gerichtet -, sozialen Respekt, das heißt etwa Ausgleich von Ungleichheit durch Würdigung, und kulturellen Respekt – Anerkennung von Differenz und Fremdheit (so Assmann 2018, 143) rechnen. Oder im Anschluss an die moderne Respektforschung zwischen anerkennendem und bewertendem Respekt, also zwischen dem uns zu eigenen Wert und der Beachtung von Taten und Persönlichkeit als Ausgangspunkt unterscheiden (zuerst Darwall 2007).

In der empirischen Respektforschung mit besonderem Definitionsinteresse wird die begriffliche Austauschbarkeit von Würde und Respekt mehr als deutlich. Ein Gegenüber zu respektieren, heißt diese Person zu beachten, ihren Wert zu erkennen, sich mit ihr auseinanderzusetzen, um ihr „Wesen" zu erkennen (Respect Research Group 200, 4). Respektieren gilt genauso wie Würdezuerkennung als Entdecken eines „guten Grunds" im Gegenüber, um einen legitimen Anspruch auf Beachtung und Würdigung anzunehmen. Es geht um das Erkennen und Anerkennen von menschlicher Bedeutung, und diese Bedeutung wollen wir ausdrücken oder selbst mitgeteilt bekommen.

Ohne wirklich in die Würde- und Respekt-Analyse tiefer einsteigen zu wollen, sei doch eine schematische Übersicht in Tab. 5.1 versucht.

Würde und Wertschätzung: Bei dem Begriff Wertschätzung muss zwischen zwei möglichen Verwendungsweisen getrennt, d. h. geklärt werden, ob gemeint

Tab. 5.1 Übersicht über Würde und Respekt. (Eigene Darstellung)

Würde	Respekt
Wertorientiert	status- und beziehungsorientiert
Gehobene Achtungsform	die Achtung des Alltags
Erhobener Anspruch	Statuserwerb in Gruppe und Gesellschaft
Nur eingeschränkt erneuerungspflichtig	wird ständig auf die Probe gestellt
Moralisch „einwandfrei"	wird auch durch Aggression erworben
Eher nur verkörpert	wird fortwährend kommuniziert
Kann sich selbst genügen	braucht die Bestätigenden
Suggestion von Gleichheit	mit Legitimität ungleich verteilt

5.5 Respekt, Anerkennung und Wertschätzung als Formen von ...

ist, dass man etwas oder jemanden mit den dazu gehörenden Gefühlen und Handlungsmotiven positiv bewertet (so Scheffler 2015) oder ob es darum geht, dass wir selbst Wertschätzung erfahren und erfahren wollen. Es stellt sich also die Frage von Würdigen oder Gewürdigtwerden.

Wertschätzung soll hier nur im Anschluss an das berufssoziologische Verständnis bedeuten, eine Person in ihren Aktivitäten, Haltungen, Leistungen und Tugenden in einer für diese wie für die soziale Umwelt ersichtlichen Form anzuerkennen. Das hat zunächst noch keine Auswirkungen auf deren Würde. Wertschätzung ist aber ein Vorgang, der als wirksame Würdigung eben auch Würdeerwerb fördert oder Würdebesitz stärkt oder bei ihrem Ausbleiben diese unter bestimmten Bedingungen schädigt.

Würde und Anerkennung: Von Anerkennung war schon bei der Kurzvorstellung des umfassenden Werks von Axel Honneth zur Theorie und Analyse sozialer Anerkennungsverhältnisse die Rede. Meine Einschätzung ist, dass es sich bei der Soziologie und Sozialphilosophie der Anerkennung um einen ganz in sich ruhenden Beitrag zur Analyse des Wandels von Achtungsprozessen und normativer Integration handelt. Ihn mit der Soziologie der Würde zu verbinden, liegt, falls überhaupt möglich, nicht in meiner Kompetenz. In der Sache weisen die Forschungsunternehmen und -felder sicherlich ein hohes Maß von Übereinstimmung und Überschneidung auf.

Mein Interesse beschränkt sich hier auf den Einbezug von Anerkennung als wichtigem Teil der Realität sozialer Würde. Sie ist dann als Bestätigung, Bejahung und Beachtung von anderen in würderelevanten Begegnungen eine bedeutsame Bedingung der Würdeentwicklung. Es bietet sich weiterhin analytisch an, Achtung als grundlegende Bewertung eines Menschen in seiner Humanität und Anerkennung demgegenüber als die Bejahung des Anderen in seiner Individualität und Andersheit zu betrachten (Schmetkamp 2013, 3). Eine dritte, mir besonders sympathische Verbindung besteht noch darin, im Gegenteil Anerkennung als Basis aller Identitätskonstruktion der Achtung vorauszusetzen. In diesem Sinne möchte ich Anerkennung gern als das sehen, „was alle Menschen sich wünschen und brauchen, um ein tragendes Selbstbild aufzubauen, was sie sich also gegenseitig schulden, aber auch verweigern" (Assmann 2018, 14).

Prinzipiell lautet meine Position natürlich: Würde first. Das ist die Voraussetzung für eine eigenständige und selbstbewusste Würdesoziologie. Ich spreche bei Phänomenen und Problemen sozialer Achtung vorrangig von Würde und ziehe die angrenzenden Konzepte soweit nützlich heran, um die Welt der Würde zu erschließen. Wobei mir Respekt mit der alltäglichen Legitimität und Verbreitung gewaltsamen Respektverschaffens, ob nun im Leistungssport oder in totalen Institutionen, einigermaßen suspekt ist.

5.6 Würde als Produkt sozialer Interaktion

Die Entstehung, Erringung, Behauptung, Demonstration und Verletzung von sozialer Würde vollzieht sich in Interaktion zwischen Menschen, privaten und öffentlichen, direkt würdeorientierten oder Achtungsfragen nur mittelbar oder latent berührenden. Würde wird also in sozialen Beziehungen, ob regelmäßig, episodisch oder nur einmalig, beansprucht und gewährt. Die einfachste Form ist: Akteurinnen und Akteure bewerten ihr aktuelles Handeln als ihrer Selbstachtung gemäß und fühlen sich von ihrem jeweiligen Gegenüber hinreichend geachtet. Und die Interaktionspartner und -partnerinnen erleben die „Würdewünschenden" gleichfalls als im Sinne der geltenden Regeln und der eigenen Erfahrungen würdevoll handelnd.

Am Prozess der Würdeherstellung und -bewahrung können allerdings neben Würdeempfängern und Würdegebern weitere, alles verwickelter machende Personen beteiligt sein: Solche, die als Dritte oder sogar Viele, unterschiedlich bedeutsam, als Bewertende, Würde Schützende, Fördernde, Beeinträchtigende, Verweigernde auftreten. Die ursprünglich informelle Begegnung kann schließlich im Konfliktfall die formale Ebene erreichen und etwa auch eine rechtliche Auseinandersetzung werden.

Würderelevante soziale Begegnungen sind nur zu einem geringen Teil rechtlich geregelt, dann häufig direkt oder hintergründig menschenrechtlich gesteuert. Der weitaus größere Teil von ihnen begründet sich aber auf den Status von Wünschen und enttäuschbaren zwischenmenschlichen Erwartungen mit beträchtlichem Legitimierungsdruck.

Erfolgreiche Würdeinteraktion verbindet sich mit vielfältigen Bedingungen subjektiver und sozialer Art. Das Würde suchende Subjekt ist zunächst einmal, sozialisationsgeschichtlich begründet, mit einem höchst einzigartigen Würdebewusstsein ausgezeichnet. Bei dessen Verwirklichung kommen sein Handlungsgeschick, seine Fähigkeit zur Rollendistanz, die genaue Beschaffenheit und Bedeutung der gegebenen Situation, der soziale Status, die jeweils geltenden Normen, speziell auch zur Begründung des Würdeanspruchs, das vorhandene Machtgefälle und anderes mehr zum Tragen.

Auf die Achtung anderer gerichtete Aktivitäten sollen hier Würdigung genannt werden – ein würdewissenschaftlich nur selten verwendetes Konzept. Würdigung ist mit einem weiteren Verständnis das, was in sozialen Begegnungen geschieht, wenn Würde gewährt und empfangen wird. Sie stellt eine Aktivität dar, welche zur Achtung von Autonomie und Individualität unaufhörlich und unablässig beiträgt. Allein ist sie allerdings vielfach zu schmal und schwach, um Würde

5.6 Würde als Produkt sozialer Interaktion

zu erzeugen und zu stützen. Sie benötigt dazu vielmehr diverse Verbündete und günstige soziale Verhältnisse.

Würdigung anderer als informelle Würdeförderung kann sich in verschiedensten Weisen vollziehen. Ich schlage hier vor, zwischen a) dem Aussprechen von Achtung und Anerkennung für Bedürfnisse, Gefühle und Handlungen – gerade solchen, die spezielle Mängel aufweisen – im alltäglichen Miteinander, b) der ausdrücklichen und sozial auch wirksamen Anerkennung von Leistungen im institutionellen Rahmen, etwa als öffentliche Auszeichnung, c) der an besondere soziale Ereignisse gebundenen Würdigung zeremonieller und rituneller Art, wie sie gerade das berufliche Handeln prominenter „Würdenträger" kennzeichnet, zu unterscheiden.

Die Würdigung kann sich aber auch vor-sozial auf uns selbst beziehen. Als Selbstwürdigung erkennt sie uns Achtung und Anerkennung für unser Leben, unsere Bedürfnisse und Gefühle, unsere Anstrengungen zu, umfasst aber auch das Annehmen von individueller Begrenztheit und Unzulänglichkeit.

Die hier gemeinte Fremd- und Selbstwürdigung sollte unbedingt von der weit verbreiteten Realität der „Pseudo-Würdigung" abgegrenzt werden. Diese umfasst all die zahlreichen Würdigungsakte, die nur förmlich, unaufrichtig, distanziert oder sogar überwiegend kritisch vollzogen werden. Mit ihnen wird tendenziell eher entwürdigt, Würde in Frage gestellt.

Der oben genannte Idealfall gegenseitiger Übereinstimmung in der Beurteilung von Handlungen und Entscheidungen als würdehaltig ist wahrscheinlich, vor allem der Verwundbarkeit und Kostbarkeit von Würde wegen vielfach nur eingeschränkt oder überhaupt nicht gegeben. Was dagegen vorherrscht, so meine Überzeugung, sind Würdekonflikte. Diese Gegensätze zwischen Würdebeanspruchenden und Würdegewährenden, die auch in offene Auseinandersetzungen einmünden können, sind zum Teil gesellschaftlich in Klassenlage und Lebensweise tief verankert und somit auch dauerhaft, häufig nur situationsspezifischer Art, nicht gleich oder gar nicht mit sozialen Interessen und Werten in Verbindung zu bringen. Der Konflikt um Würde kann sich auf die Deutungen von beobachtbarem Handeln beziehen, mit dann unterschiedlicher Selbst- und Fremdbeurteilung; oder, sehr viel tiefer angelegt, auf den Wert, Nutzen, die Legitimität von Würde; nur anlassorientiert zwischen den Beteiligten auftreten oder auch einen grundsätzlichen Dissens anzeigen; relativ einfach im Betroffenenkreis ausgetragen werden oder die Einschaltung von Vermittlung, den Aufbau von Koalitionen oder die Entwicklung von Strategien der Würdebeschaffung beinhalten. Was Konflikte um Würde sicherlich besonders fördert und in Gang hält, ist natürlich auch die Tatsache der grundrechtlich ja behaupteten Unteilbarkeit, der auf sozialer Ebene eine häufige Unvermehrbarkeit und Nicht-Austauschbarkeit entsprechen. Das heißt, der Zugewinn von Würde und die Integrität und Achtung der einen funktionieren nur über die Schädigung und Verletzung der Würde der anderen. Schließlich mag es vor allem in biografischen Grenzsituationen sogar so sein, dass sowohl Würdeverlierer als auch Entwürdigende die Würde einbüßen, etwa, weil „Opfer" wie „Täter" unter Beschämung durch das Geschehene zu leiden haben.

Ich habe zu begründen versucht, dass Prozesse von Erwerb und Verweigerung von Würde eine ganz besonders hohe Konflikthaftigkeit auszeichnet. Damit werden auch Machtfragen und individuell ungleich verteilte Chancen der Verfügung über Machtquellen und -mittel bedeutsam. Macht tritt im Kampf um Würde zumeist als formelle oder nur informelle Definitions- und Sanktionierungsmacht auf, bezieht sich auf die Durchsetzung von Entscheidungen, Würde zu verweigern, zu entziehen, in Frage zu stellen, an – häufig unerfüllbare – Leistungen zu binden. Natürlich kann sie aber auch im Dienste des Widerstands stehen und für die Durchsetzung von behinderten Würdeansprüchen genutzt werden.

Würde als kultureller Wert 6

Der Funktion der Würde als soziokulturelles Wertkonstrukt begegnen wir natürlich schon in ihrem subjektiven und interaktiven Erwerb und Behaupten. Was Würde lebensgeschichtlich bedeutet, worauf sie sich orientiert, wo sie erfahren wird und wo sie weniger wichtig ist oder gar nicht vorkommt, ist Thema und Ergebnis der individuellen Sozialisation. Wir entwickeln ein Verständnis von Würde (oder eher nicht), beziehen sie auf ganz unterschiedliche Handlungswelten, wählen bestimmte Wertvorstellungen als handlungsleitend aus, verfolgen sie, verändern sie, und geben sie wieder auf. Manche begleiten uns fortwährend im Alltag, manche hingegen sind an das Erleben ganz bestimmter Bedingungen gebunden. Meist ist Würde eng bis unauflöslich mit anderen Wertvorstellungen verschmolzen. Und darum auch nur schwer wahrnehmbar und in ihrer Gegenwart bewertbar. Leichter wird es wiederum im Fall konkreter Würdekonflikte.

Würde ist also als angeeignete, vermittelte und auch vertretene Wertorientierung in würdevollen Begegnungen stets präsent. Als Makrowert selbst markiert sie aber ein eigenes kultur- und wissenssoziologisches Thema. Zu sehen war schon, dass Würde als kulturelles Konstrukt in einigen Theorieansätzen, ob konstruktivistisch oder historisch orientiert, Beachtung findet. Auf umfassendere soziologische Beiträge lässt sich aber kaum zurückgreifen. Gerade die aktuellen Debatten über den spätmodernen Kulturwandel (Reckwitz und Rosa 2021) können mit Würde als institutionalisiertem „Höchstwert" wenig anfangen. Das Werk von Hans Joas (neben vielem anderen Joas 1997) mit seinem Interesse an Fragen der historischen Werteentstehung bis hin zur individuellen Werteübernahme stellt noch eine Ausnahme dar. In Einführungen perfekt nachlesbar ist hingegen die religiöse, philosophische und rechtswissenschaftliche Geschichte der Begründung des Wertvollen an Würde (Gilabert 2018; Tiedemann 2014).

Ich versuche die Wertdimension der (sozialen) Würde in der folgenden Weise herauszuarbeiten: Im ersten Schritt werden einige Besonderheiten des Werts

Würde in Form nur mäßig begründeter Vermutungen dargestellt. Von denen die „Partnerschaft" mit den Menschenrechten sicherlich die wichtigste ist. Danach geht es es um die gesellschaftliche Verankerung der Würde – meist in inhärenter Form -als normative Idee. Meine Beweismittel sind da mehr oder minder offizielle Dokumente und ähnliche Wissensquellen – natürlich soziologisch als Konstrukt behandelt. Im nächsten Schritt interessiert mich die aktive Verbreitung und Förderung von Würde und Würdekommunikation durch würdezentrierte Gemeinschaften und Bewegungen. Was bedeutet ihnen der so hoch kursierende Wert Würde im Einzelnen, und wie wird für sein Wachstum praktisch und theoretisch eingetreten?

6.1 Steckbrief der Wertwürde

Um der Wertfunktion der Würde gerecht zu werden, möchte ich mit Folgendem argumentieren.

- Würde ist schon insofern einzigartig unter den kulturellen Werten, als sie noch unabhängig von speziellen normativen Inhalten das Wertvolle an sich bewertet. Welches in dem für Menschen in dem in ihrer Lebensführung prinzipiell, noch vor allen Wertentscheidungen, Gewünschten und Geforderten liegt.
- An Würde ist weiterhin ihr Mitspielen im Konzert der angesehensten und unbestrittensten Leitwerte bedeutsam. Sie steht auf einer Gültigkeitsstufe mit Freiheit, Gleichheit, Gerechtigkeit, Leben, Wohlbefinden, Glück und ist fest in diesen kulturellen Zusammenhang eingebunden, wenngleich sie sich meist mit dem bloßen Aufgerufensein begnügen muss.
- Anders als die verschwisterten Grundwerte kann Würde, als Wert für alle und alles, nahezu überall bis hin zum rein privaten Achtungsbegehren verwendet werden. Als wünschenswerte Art gelingender Lebensführung ist sie in sämtlichen sozialen Kommunikationssystemen wie der Familie, der Freizeit, der Arbeitswelt, der Bildung, der Spiritualität vertreten. Sie kann ein „kleiner" Wert, nur bedeutsam für die Entscheidung, etwas wertzuschätzen oder nicht, wie auch eine folgenreiche und dauerhafte Wahl einer Lebensrichtung sein, eher trivial oder zutiefst existentiell.
- Würde ist im Sinn der soziologischen Sicht als Grundbegriff als subjektive Vorstellung vom Wünschenswerten eher ein impliziter als ein expliziter, nach außen vertretener Wert.
- Würde stellt einen „obligatorischen" Wert dar, der um jeden Preis verwirklicht werden soll, d. h. nicht verhandelbar ist. Auf sie darf nicht wieder

verzichtet werden – weder was den Erhalt noch die Gewährung anbelangt. Und das globale Problem für Politik, Praxis, Öffentlichkeit besteht darin, dass sie rhetorisch nicht in Frage gestellt werden darf, dass sie als grundsätzlich herstellbar gilt und dass trotz ihrer genuinen Unbestimmtheit immer schon genauere Vorstellungen bestehen.

- An diesen Punkt schließt die Vermutung gut an, dass sich Wertwürde als Erinnerung, Feststellung und Skandalisierung des noch Fehlenden, Mangelhaften, Umkämpften und Schutzbedürftigen profiliert hat. Würde macht sich hier auch als Unterscheidungsmöglichkeit zwischen gesellschaftlicher Differenzierung und Diskriminierung nützlich.
- Würde soll schließlich als Wert charakterisiert werden, der sich vor allem auf zwischenmenschliches Handeln und Behandeltwerden bezieht, vergleichbar etwa mit Solidarität, Vertrauen und ähnlichem mehr. Und der nur in sozialer Verbundenheit gelebt werden kann.
- Zuletzt scheint mir noch von Interesse zu sein, dass Würde ein Wert mit relativ niedrigem Rationalitätsgehalt ist, den man, verglichen mit anderen aus der Verwandtschaft weniger instrumentell und strategisch in Abwägung von Zielsetzung und Mitteleinsatz verfolgt.

Der Wertekern der Würde zeigt sich auf den soziologisch bedeutsamen Ebenen durchaus unterschiedlich. Für das Individuum mögen Selbstachtung und Respekt des normativ Vorrangige sein, in der sozialen Interaktion die Selbst- und Fremddarstellung, auf der Organisationsebene scheint sich Würde als Leitbild heute auf der Ebene des Umgehens mit Mitgliedern („Humanistisches Management") zu bewegen, im politischen System in Form von Normen der Selbstkontrolle, Rollengemäßheit, Echtheit präsent zu sein; in der Kultur dann auch als Selbstthematisierung der Würde oder in den Vorstellungen von Schönheit, Erhabenheit, Perfektion.

6.2 Die menschenrechtliche Würdeetablierung

Würde hat, wie schon dargetan, ihre weltweite „Spitzenposition" vornehmlich der Entstehung und Durchsetzung der globalen Menschenrechte zu verdanken. Sie stellt die integrierende normative Klammer der Menschenrechte dar. Gleichzeitig bildet sie die Basis für Grundrechte, hilft bei der Deutung ihrer Geltung und Anwendbarkeit und ist Maßstab für die Bewertung der Verhältnismäßigkeit von Regelungen einschränkender Art. Darüber hinaus lässt sie sich nach häufig geäußerter Ansicht auch noch als ein Menschenrecht selbst betrachten.

Wenn Würde aber ganz oben auf der Verfassungsebene so mächtig ist, und sei es nur als beliebte Präambel, dann ist sie das natürlich auch für das Rechtswesen einer Gesellschaft schlechthin bis hinunter zum Zivilrecht. Sie strahlt über die Interpretation von „unterkonstitutionellen Normen" auch in die gemeine Praxis der Rechtsanwendung aus.

Auch im Strafrecht hat Würde, zumeist ungenannt bleibend, einen Stammplatz erworben. Vor allem dann, wenn Folter, Grausamkeit, drakonische Strafpraktiken als nicht verfassungsgemäß erklärt werden.

6.3 Würde im Spiegel offiziell-öffentlicher Dokumente

Um etwas mehr Anschaulichkeit zu schaffen, werde ich jetzt noch die globale Verbreitung und Niederlegung des Würdewerts in Kurzform dokumentieren. Das ist selbstverständlich nur eine exemplarische wie subjektive Art das zu tun, und die normative Aktualität und Reichweite des Konstrukts Würde zu erhellen.

Box 1: Würde als Basis für internationale Menschenrechtsdokumente

Weimarer Verfassung des Deutschen Reichs von 1919
UN-Charta von 1945
Allgemeine Erklärung der Menschenrechte von 1945
Grundgesetz für die Bundesrepublik Deutschland vom 23.05.1949
Ähnliche nationale Verfassungen inzwischen in Äthiopien, Israel, Kolumbien, Polen, Russland, Schweiz, Südafrika, Ungarn
Internationale Konvention gegen Rassendiskriminierung von 1965
Internationaler Pakt über bürgerliche und politische Rechte von 1966
Internationaler Pakt über wirtschaftliche, soziale und kulturelle Rechte von 1966
Übereinkommen zum Schutz der Menschenrechte und der Menschenwürde im Hinblick auf die Anwendung von Biologie und Medizin von 1997
EU-Grundrechte von 2000
Milleniums-Erklärung der Vereinten Nationen von 2000
Schutz kultureller Diversität und Rechte durch die UNESCO von 2005
Übereinkommen über die Rechte von Menschen mit Behinderungen von 2006

6.3 Würde im Spiegel offiziell-öffentlicher Dokumente

> Internationales Übereinkommen zum Schutz aller Personen vor dem Verschwinden von 2006
> Erklärung der Yongyakarta-Prinzipien über die Anwendung von Menschenrechten in Bezug auf die sexuelle und geschlechtliche Identität von 2007
>
> Quellen: Fremuth 2019, von der Pfordten 2006

Vielfach findet sich Würde als eher erworbene soziale als nur menschenrechtsbasierte Würde inzwischen in kodexartigen ethischen Programmen verschiedener gesellschaftlicher Organisationen und Vereinigungen, die vielfach auch öffentlich ausgehängt zu finden sind. Wobei der Schwerpunkt der Dokumente derzeit noch in Bildung, Sozial- und Gesundheitswesen liegt. Ich gebe hier nur eine willkürliche, aber die Vielfalt der Bedeutungsorte sicher bekundende Auswahl.

> **Box2: Würde als Leitidee im Wertekodex**
>
> Leitbild des deutschen Caritasverbandes
> Sozialdienst katholischer Männer Deutschland
> Deutscher Pflegerat
> Deutsche Gesellschaft für humanes Sterben
> Ethik-Kodex der Tierärztinnen und Tierärzte Deutschlands
> Wertekommission – Institut für Führungskräfte
> Elisabeth-Kübler-Ross-Akademie für Bildung und Forschung, Deklaration der Menschenrechte Sterbender
> Moneta: Netzwerk für monetäre Vielfalt
> Initiative für Natürliche Wirtschaftsordnung
> Kasseler Dokument von sechs Verbänden der Behindertenhilfe uns Selbsthilfe von 1998
> Aktionsbündnis „Für die Würde unserer Stadt" 2017
> Dignity for all students act, Staat New York mit vielen schulischen Ausdifferenzierungen
> The dignity for all: LGBTI assistance program
> Oxfam: Dignity for all: our 2020 policy platform
> UN Human Rights Regional Office for Europe: Dignity for all: Realizing social rights in the EU, 2021

Quelle: eigene Onlinerecherche

Die zunehmende Beschäftigung mit dem Wertpotential der Würde zeigt sich über die Ausbreitung und Formalisierung in einer schon unübersichtlichen großen Menge von Dokumenten und Stellungnahmen hinaus auch als Wahl eines wichtigen Tagungsthemas. In Deutschland fand etwa 2016 eine Tagung der Akademie für Ethik in der Medizin zur Würde, eine Tagung über „Würde und Mitgefühl in Psychotherapie, Beratung, Organisation und Gesellschaft" 2017, ferner die Jahrestagung 2018 des Deutschen Ethikrates („Des Menschen Würde in unserer Hand") statt. Einen vorläufigen Höhepunkt dürfte die wiss. Würdekommunikation aber schon auf der Konferenz zur Fortentwicklung der Würde 2008 in Wien erreicht haben.

6.4 Der Wert Würde im Durchsetzungsprozess: Akteurinnen, Ideen und Kampagnen

Seit ungefähr einem Jahrzehnt haben sich unabhängig voneinander verschiedene, meist von einzelnen publizistisch tätigen „Würdegläubigen" ausgehende private Würdeförderungsinitiativen gebildet. Inzwischen sind sie auch in Deutschland präsent und hier wiederum mit mindestens einem eigenen Ansatz vertreten.

Die erkennbaren Engagements unterscheiden sich stark, was ihre öffentliche Wirksamkeit, die Organisiertheit, Finanzausstattung und Mitgliederstärke anbelangt. Inhaltlich stimmen sie indes darin überein, dass sie den Wert Würde als Produzenten und Garanten von wertebasierter Zwischenmenschlichkeit sowie auch als Allheilmittel zur Lösung gesellschaftlicher Konflikte betrachten. Des Weiteren geht es in ihrem Diskurs weit mehr um die Kritik des Unwürdigen im Allgemeinen und defizitärer Würdeverhältnisse im Besonderen und der entschiedenen Auseinandersetzung mit den verbreiteten Formen, Praktiken und Folgen der Entwürdigung von Personen und Gruppen. Das eine wie das andere vollzieht sich mit einigem missionarischem Eifer bis hin zur Führung moralischer Kreuzzüge. Diese bedienen sich nicht selten eines speziellen in der Würde-Community entwickelten Vokabulars, machen den Leitwert zum Kern eines neugeschaffenen kulturellen Kanons.

So finden sich in der Würdesprache beispielsweise die Begriffe Dignifier, Dignity pioneers, Digniliving, Dignicommunity, Dignicommunication, Digniwork. Fraglich ist sicher, ob das die Flamme der Würde öffentlich zu entzünden vermag.

6.4 Der Wert Würde im Durchsetzungsprozess: Akteurinnen, Ideen ...

Mir erscheint das organisierte Bemühen um mehr gesellschaftliche Würdebesinnung soziologisch so interessant, um die neue Würdebewegung genauer zu beschreiben. Es geht dabei um die „Human Dignity and Humiliation Studies", um „Global Dignity", um „Dignity for all", um „Declare Dignity" und die vom deutschen Neurobiologen und erfolgreichen Publizisten und Fortbildner Gerald Hüther ins Leben gerufene „Würdekompass"-Initiative.

Mit „Human Dignity and Humilation Studies" (DHS) ist die wohl älteste und etablierteste Würdegemeinschaft benannt. Sie wurde schon 2001 in New York von Evelin Lindner, einer in Deutschland aufgewachsenen, aber sich selbst als Kosmopolitin verstehenden Ärztin und Psychologin, angeregt von dem prominenten Konfliktforscher Morton Deutsch und wissenschaftlich durch ihre Dissertation über Demütigung motiviert, gegründet. Inzwischen umfasst sie nach eigener Darstellung mehr als 1000 Mitglieder in 46 Ländern – die sich gern als Familienmitglieder und Freunde bezeichnen – 2000 Unterstützerinnen und ein Kernteam von 120 zumeist wissenschaftlich tätigen Personen. Es liegt eine Menge an legitimierendem und auch Theorien prozierendendem und Beweisführung betreibendem Schrifttum vor, vieles davon von Lindner selbst verfasst (2011, 2020), welches in der wissenschaftlichen Forschung aber weitgehend ignoriert wird. Sicherlich der missionarischen Unter- und Zwischentöne wegen. Denn letztlich wird das Ideal des „Dignismus" als das menschliche Verfügen über die gleiche Würde in Solidarität, nicht aus dem Blick gelassen.

Äußerlich sichtbar wird DHS, offenbar ein relativ wohlhabendes Netzwerk, durch regelmäßige Workshops und Konferenzen, die Jahr für Jahr über die ganze Welt verteilt stattfinden. Thema ist stets natürlich der globale Kampf gegen Respektlosigkeit und Demütigung oder positiv ausgedrückt: Die Durchsetzung und Sicherung von Würde, Demut, Mitgefühl und Sorge. Wichtig ist aber immer auch die Betonung des Gleichheitsanspruchs von Würde, definiert wird dieser Prozess als „Equalisierung".

Global Dignity, entstanden 2005, ist die würdezentrierte Organisation mit der stärksten Onlinepräsenz. Ein Interesse am Mitwirken am wissenschaftlichen Diskurs besteht kaum. Global Dignity verfügt über einen festen Sitz in New York, diverse Gremien, die Sympathie oder auch Unterstützung prominenter Persönlichkeiten – Richard Branson, der kürzlich verstorbene Erzbischof Tutu, Amartaya Sen – und erhebt den Anspruch, eine globale Bewegung im Aufbau zu sein, die über die Propagierung der Würdigung des anderen als Beginn von Menschlichkeit die Welt transformiert. Praktisch sichtbar wird das bislang immerhin im Gewinn von Unterstützung im NGO-Lager, der weltweiten Verbreitung und der

Mobilisierung von vermeintlich jährlich Millionen von Menschen durch verschiedene Würdeevents und -initiativen. Gerade der Ansatz der Eventisierung mit dem Ausrufen eines Global Dignity Day scheint erfolgreich zu sein. Worin besteht nun das Wertpotential der Würde? Für das Verständnis von Global Dignity ist das Folgende spezifisch: Würde ist der Glaube an den eigenen Wert und den der Mitmenschen. Sie ist die „Hochstellung" des Individuums gegenüber der Gesellschaft. Vor allem auch eine große Gleichmacherin, welche die Grenzen zwischen Ethnien, Geschlecht, Hautfarbe und Status zu sprengen vermag. Würde wird für jede Fähigkeit gebraucht, um diese wertvoll zu machen. Und Würde ist die Überwindung alles wirklich Schlechten, also Hass, Ungerechtigkeit, Gewalt und Ungleichheit.

Donna Hicks, die Begründerin und Verfechterin der Initiative „Declare Dignity" hat sich als Expertin im Feld der internationalen Konfliktlösungsforschung einen Namen gemacht (Hicks 2011). Ihre Erarbeitung von essentiellen Bestandteilen des Werts Würde ist auch in der Programmatik von Global Dignity enthalten. Ihre eigene Gruppe begnügt sich bislang mit der Einwerbung von Unterstützung durch Unterschriften, mit denen sich Menschen zu den zentralen Ideen bekennen und potentielle Dignity Agents werden können.

Hicks geht von den Wunden aus, die schädigend ausgetragene Konflikte in der Würde der Beteiligten hinterlassen. Es gilt, diesen Folgeeffekten durch gegenseitige Würdigung präventiv entgegenzutreten.

Würde ist für Hicks ein Wert, der an allen Orten Bedeutsamkeit erlangt, im „Büro wie im Schlafzimmer" (2011, 19), sich also im privaten Kontakt wie auf internationalen Arenen entfaltet. Würde ist offenkundig spirituell aufgeladen, denn sie bildet sich erst mit der vollen Anerkennung des Wunders unserer Existenz (116). Würde im eigenen Bewusstsein zu verankern, heißt sich mit übergreifenden Prinzipien wie einer höheren Macht, dem Planeten, dem größeren Ganzen der menschlichen Gemeinschaft zu verbinden. Entsprechend groß ist der Gewinn ihrer Gewährung und Anerkennung als der leichteste und schnellste Weg, das Beste im Menschen hervorzubringen. Und mit sich im Frieden zu leben. Was Würde konkret zu ihrer Verwirklichung als Wert benötigt, sind Inklusion, Sicherheit und Anerkennung als sozialer Ausstattung, Verstehen, Fairness, Verantwortlichkeit und auch die Haltung des Zweifelns.

Robert W. Fuller hat sich als Wissenschaftler sein Forscherleben hindurch dem Kampf gegen institutionellen Machtmissbrauch gewidmet. So ist es nur naheliegend, dass er 2008 zusammen mit Pamela A. Gerloff den Feldzug für eine Welt frei von „Rankismus" in einem Manifest popularisiert hat (Fuller und Gerloff 2008). Das Neue und Interessante daran ist, dass dem Rankismus, definiert als Missbrauch von Überlegenheit in Machtbesitz und Autorität, welcher

6.4 Der Wert Würde im Durchsetzungsprozess: Akteurinnen, Ideen ...

mit der alltäglichen Nutzung von Statusvorteilen beginnt und über politische und wirtschaftliche Korruption, sexuelle Belästigung und Pflegegewalt bis hin zur Nötigung ganzer Nationen und zum Genozid reicht, die Würde als schützender Wert gegenübergestellt wird.

Würde bedeutet für Fuller und Gerloff zunächst nur, andere Menschen und ihre Gegenwart wertzuschätzen. Sie besitzt für Glück und Wohlbefinden aber eine solche Bedeutung, dass Menschen sie manchmal sogar mehr schätzen als ihr Leben (2). Würde ist also eine wirklich machtvolle Gegenkraft zum Rankismus, jedoch nicht gesellschaftlicher Rangunterschiede im Sinne von Anordnungsrecht und -kompetenz schlechthin. Diese bleiben legitim und können und sollen Würde sogar beschützen.

Mit Würde, so wird angenommen, kann eine „dignitaristische" Organisationswelt begründet und errichtet werden. Eine solche zeichnet sich durch Beteiligung und Mitarbeit aller Angehörigen aus.

Für die Idee der Durchsetzung von Würde als wichtigem Schritt zur Entwicklung von Demokratie setzt das Autorenpaar auf das Vorhandensein einer sozialen „dignity meme" (87), das heißt der Übertragung und Weitergabe von Würde als kulturellem Konstrukt.

Eine globale Gemeinschaft der Würde Schätzenden, wie sie Fuller und Gerloff vermutlich im Sinne hatten, hat sich als Reaktion auf das Anti-Rankismus-Manifest offenkundig nicht gebildet. Allerdings gibt es, worauf auch als ideelle Bestätigung verwiesen wird (87), eine zunehmende Fülle von Einsätzen und Aufrufen der Dignity-for all- Forderung. Häufig um relativ neu problematisierten Phänomenen wie Diversität, Mobbing, Bullying, Cyberstalking, prekärer Arbeit noch mehr Geltung zu verschaffen.

Der als Sachbuchautor bekannt gewordene deutsche Neurobiologe Gerald Hüther hält sich mit der Frage, inwieweit Würde auch als neuronales Verschaltungsmuster in uns tätig ist, sich also als „Metakonzept im Gehirn" (2018, 10) nachweisen lässt, nicht sonderlich auf. Stattdessen verfolgt er in seiner eher persönlich-impressionistischen als fachwissenschaftlich angelegten Würdeschrift ganz andere Absichten. Würde wird 1) Als hochwirksames menschliches Stärkungsmittel beschrieben, 2) Wird uns an Beispielen verschiedenster negativer Vorfälle und Entwicklungen eine Welt vor Augen geführt, welche sich in einem beklagenswerten Zustand schon totaler Würdelosigkeit befindet, um 3) dann eine entschiedene radikale Hinwendung zur Würde als gesellschaftlich verbindlicher Wertorientierung zu fordern.

Hüthers Lob der Würde arbeitet mit dem vor allem psychotherapeutisch beliebten Begriff des inneren Kompasses. Würde beinhaltet subjektiven Wertbezug schlechthin, d. h. eine tiefe innere Vorstellung davon, „was für ein Mensch jemand sein will" (20). Würde in diesem weitestmöglichen Verständnis kann man nur selbst verletzten, und sie hindert uns grundsätzlich an der Verletzung anderer. An dieser Orientierungs-Würde fehlt es nun, egal, in welches gesellschaftliche Feld man schaut. Hüther beobachtet mit Erschrecken einen völligen Würdeverlust in Umwelt- und Klimafragen, in der Biomedizin, der Ausbreitung der Armut, in weltweiter Flucht, der Computerisierung, dem Konsumismus, der Pflege, der Schule. Die für das praktische Eintreten für die Wiederbelebung der Würde als Wunderheilerin nötige Motivation bezieht Hüther aus der Überzeugung von deren individueller Plastizität durch Lernen, Vorbilder, funktionierende Rollenmodelle, soziale Ansteckung und die hohe Chance auf das Erleben guter Erfahrungen im Versuchsfall.

Zur Stärkung der rettenden Würdebewusstheit hat sich Hüther gleich mit seiner sicher viel verkauften Schrift für die Gründung einer bundesweiten Initiative „Würdekompass" im Sinne einer Erweckung der Würde von ganz unten engagiert. Im Aufruf für den Zusammenschluss wird Würde noch einmal pointiert als innerer Kompass für ein menschenwürdiges Leben gepriesen. Und ein Bild von würdevollen Menschen entworfen, die sich aus sich selbst heraus als wertvoll und bedeutsam erleben – ganz ohne Macht, Reichtum und Spitzenpositionen.

Die genannte Initiative, ideell unterstützt durch eine „Akademie für Potentialentwicklung" umfasst derzeit an die 130 örtlichen Gruppen und 4500 Newsletter-Bezieherinnen. Sie sieht sich in ihrem Selbstverständnis immerhin auf dem Weg zu einer wirkungsvollen sozialen Bewegung, Hüther selbst spricht von einer „ständig wachsenden Flotte" (wuerdekompass/org/vorstand).

Der hier beschriebene Beitrag der spätmodernen Würde-Community zur gesellschaftlichen Verbreitung der Würdeidee bedarf erst noch der empirischen Prüfung. Wobei sich ihre Wirkung, mit welchen Indikatoren auch immer, kaum nachweisen lassen dürfte. Meine Einschätzung ist aber, diese ist gerade mit Blick auf die inzwischen entstandene Würdebedeutung gerade in Bildung und Sozial-Organisation gar nicht hoch genug zu bewerten.

Gegenüber den viel umfassenderen Bewegungen zu Frieden, Rassismus, Diversität, der zerstörerischen Wirkung des Finanzkapitalismus und vor allem der Klimakatastrophe ist eine Relativierung des Potentials der „Würderevolution" freilich unvermeidlich. Auch muss sich diese eine geringere systemkritische Orientierung nachsagen lassen. Jedoch kann der Würdegedanke in seinen besten Anwendungen, das heißt nur unerbittlich genug vertreten, geradezu systemsprengende Impulse durchaus in sich tragen. Wenn etwa zugunsten der individuellen Würdegewährung und -erhaltung einfach alle behindernden gesellschaftlichen

Strukturbedingungen als zweitrangig und veränderungsbedürftig behandelt werden. Und im Sinne einer lebbaren humanistischen Utopie auch als prinzipiell veränderbar.

Teil III
Die Entwürdigungsgesellschaft

7 Zur Bedeutsamkeit von Entwürdigung

Entwürdigung ist ja schon darum ein für meine Einführung äußerst wichtiges Thema, weil Würde, so wie weithin auch gesehen, einen an höchst anspruchsvolle Bedingungen gebundenen Wert verkörpert. Und selbst wenn einmal erlangt und/oder formal garantiert, zeichnet sie sich strukturell durch große Verwundbarkeit und Prekarität aus. Einige zumindest der aktuellen Wandlungsprozesse von Lebenslagen und Lebensweisen fördern diese Dauerbedrohtheit ganz offenkundig. Und es gibt hoch wirksame schädigende gesellschaftliche Praktiken, mit denen Würde verhindert, erschwert und genommen werden kann, von der Demütigung bis zur Stigmatisierung. Zumeist Formen inhumaner Behandlung, die auch in manch anderen zwischenmenschlichen Zusammenhängen als soziale Sanktionierung verbreitet sind. Entwürdigung gehört also so sehr zur Würderealität und ihrem Wandel dazu, dass wie sie brauchen, um diesen zu verstehen. (so wie auch die Erlebenden selbst).

Da Entwürdigung das gesellschaftliche Leben durchzieht und permanent belastet, ist sie für eine kritische, dem Schutz und der Vermehrung von Würde verpflichtete Soziologie erst recht der leitende Bezugspunkt. Die Analyse und die Förderung der Würde findet, wie ich meine, im subjektiven Würdebewahrungsstress und Entwürdigungsleid das wichtigste Arbeitsfeld wie auch erst ihre Existenzberechtigung.

Für die von mir mit dem Begriff Entwürdigung etikettierten Prozesse haben sich seit der Menschenrechts- und Würderevolution schon andere Bezeichnungen etabliert. Neben der ja ähnlich weit angelegten Kategorie Würdeverletzung gibt es auch häufig die Entscheidung, alles die Würde Schädigendes als Demütigung zu bezeichnen bzw. in der Demütigung von Menschen den Ausgangspunkt aller weiterer Würdebeeinträchtigungen zu erblicken (so Bieri, Lindner, Pollmann). Eine ausgefallene Position nimmt der deutsche Würdephilosoph Peter Schaber ein, der Erniedrigung ins Zentrum des Würdeverlustes rückt (Schaber 2012). Schließlich findet sich noch vereinzelt „Dehumanisierung" als begriffliche Zusammenfassung allen Übels (Oliver 2011).

Kaufmann u. a. (2011) trennen in ihrem Sammelband zwischen Konzepten und Theorien der Würdeverletzung, das sind Demütigung, Instrumentalisierung, Degradierung und Dehumanisierung und konkreten Praktiken und Erscheinungsformen. Hier richtet sich ihr Blick auf gewaltsame Würdezerstörung wie Folter einerseits, Situationen sozialer Benachteiligung, etwa Armut und Ausbeutung, andererseits.

Eine hilfreiche Ermutigung, auf Entwürdigung als übergreifendes Konzept zu setzen, habe ich durch einen Beitrag von Steven Lukes (1999) erfahren. Lukes überschreibt mit ihm vier wissenschaftlich etablierte Arten von Misshandlungen. Dies sind

- das Verursachen von Leid – dazu gehören Verletzungen von körperlicher Gewalt bis nur zur Enttäuschung erhobener Ansprüche
- die Einschränkung von individueller Freiheit – beabsichtigte oder ungeplante Begrenzung von Wahlmöglichkeiten
- die Verletzung von Rechten – sowohl faktische Einschränkung des Marktzugangs als auch der Verlust von etwa sozialen Rechten schlechthin; schließlich
- das Zufügen von Ungerechtigkeit, bei der es im sozialstrukturellen Sinn um die ungerechte Verteilung von Ressourcen, Gütern und Chancen geht (1999, 2).

In Diskussion der Frage, ob diese Typologie der Entwürdigung aktuellen Entwicklungen noch gerecht wird, öffnet sich Lukes im Anschluss an z. B. Margalit für die Idee, künftig auch zugeschriebene Entwürdigung analytisch anzuerkennen. Diese ist eine Misshandlung, die sich in einem Kontext von Herrschaft, also ungleichen Machtbeziehungen, und negativen sozialen Zuschreibungen etwa von Alter, Geschlecht, Status, entwickelt. Weit verbreitet ist sie vor allem als Diskriminierung, verstanden als „Entzug von Anerkennung" (320). Askriptive Entwürdigung kann natürlich auch global als Prozess der Kolonialisierung, d. h. der Durchsetzung partikularer Erfahrungen qua überlegener Deutungsmacht auftreten.

Entwürdigung in begrifflicher Perspektive 8

Ich benenne in diesem Text sämtliche Verletzungen sozialer Würde, egal, wie verursacht, wie weit fortgeschritten, wie endend und wie folgenreich, mit dem Begriff der Entwürdigung.

Auf Entwürdigung so sehr zu setzen, ist in mehrfacher Hinsicht allerdings eine angreifbare Entscheidung. Es erscheint für vieles, was sich an Verweigerung, Beschädigung, Verlust von Achtung und Anerkennung ereignet, insofern unpassend, als es sich nur um rasch vorübergehende und/oder regulierbare Phänomene handelt. Entwürdigung hingegen wird leicht als endgültiger, unumkehrbarer Vorgang verstanden, der ja nur insofern vorliegt, als in einem bestimmten Augenblick eine gewünschte Würdigung nicht gewährt wird. Entwürdigung könnte darüber hinaus als nur reaktives, die „Täterseite" allein sehendes Konzept verstanden werden, welches die Beteiligung der Würde Beanspruchenden am Schädigungsprozess vernachlässigt.

Als weiteres Argument dagegen, sich auf Entwürdigung als übergreifende Kategorie zu stützen, lässt sich anführen, dass diese nur aktive und direkte Verletzungsakte thematisiert, die gegenwärtig aber gleich bedeutsame indirekte und die strukturelle Würdeschädigung durch etwa den ungleichen Zugang zu Ressourcen und bestimmte Prinzipien der Statusverteilung, speziell meritokratischer Art, nicht erfassen kann. Schließlich mag uns der Gebrauch von Entwürdigung ziemlich altmodisch vorkommen, aus Zeiten herrührend, in denen Obrigkeiten und andere Autoritäten öffentlich anprangern und nach Belieben herabstufen und herabsetzen durften.

Diese machtvollen Einwände mögen mit veranlasst haben, dass Entwürdigung als zusammenfassende Bezeichnung für die Realität der Würdeverletzung bislang nur recht selten zum Zuge kommt (neuere Einsätze immerhin bei Stöcker2003; Kaufmann u. a. 2011). Sie bleibt meist für die dramatischen Fälle von

Würdezerstörung reserviert und wird in verschiedenen Würdestudien des Weiteren als explizit kritische Einschätzung von für sich selbst sprechende moralisch empörende Vorgänge eingesetzt. Mir selbst ist es aber nur recht, dass von Entwürdigung zu sprechen, bedeutet, soziale Prozesse gleich als problematisch und zutiefst kritik- und veränderungsbedürftig zu betrachten. Öffnen wir Entwürdigung für ihre vielfältigen Erscheinungsformen und Praktiken, dann werden auch „primäre" Würdeverluste, d. h. zufälliger, einmaliger, informeller Art und strukturelle Bedingungen und Effekte von Entwürdigung ins Blickfeld gelangen und drohende Einseitigkeiten vermieden werden.

Ich bestimme Entwürdigung hier als eine soziale Aktivität oder einen Handlungsverzicht (etwa eine Schutzverweigerung), mit der die Würde einzelner Menschen oder ganzer Gesellschaftsgruppen zeitweilig oder dauerhaft in einem erheblichen Maße verweigert, verletzt oder aberkannt wird. Entwürdigung als das Be- und Verhindern von Selbstbestimmung kann sich auch in der Privatsphäre vollziehen – etwa als fortwährende innerfamiliäre Missachtung -, ihr zentraler Auftretensort sind aber die gesellschaftlichen Institutionen. Entwürdigungen sind würdespezifisch orientiert, können sich aber auch gleichzeitig gegen vieles andere an Werten und Verhältnissen richten und dabei Teil anderer Sanktionierungsprozesse sein, die gleichfalls die soziale Identität negativ beeinflussen. Es kann sich bei ihnen um einen einzelnen Würdeverweigerungsakt handeln, aber auch um das Infragestellen von Würdezugang und -besitz schlechthin.

Entwürdigungen stützen sich auf sowohl festgeschriebene als auch Flexibilität und Rollentausch zulassende Macht- und Statusdifferenzen zwischen denen, die entwürdigen oder entwürdigt werden und beinhalten als aktive oder reaktive Eingriffe in das Leben der Würde Beanspruchenden ein Mindestmaß von Schmerzzufügung.

Dimensionen der Entwürdigung 9

Für mein eigenes Erkunden des Problemfelds Entwürdigung habe ich die folgende pragmatische Perspektive entwickelt. Ich gehe davon aus, dass sich der Prozess der sozialen Entwürdigung analytisch in Würdeverweigerung, Würdeverletzung, Würdeverlust durch eigene Normüberschreitungen und den Entzug der Würde unterteilen lässt. Und ich versuche dann, die besonders bedeutsamen Formen der Entwürdigung diesen Phasen zuzuordnen. Das ist insofern problematisch und führt zu einem angreifbaren Ergebnis, als sich die meisten Phänomene auch den anderen Entwürdigungsdimensionen zuordnen lassen (Tab. 9.1).

Die gewählten Phänomene der Entwürdigung befinden sich auf einem relativ hohen Allgemeinheitsniveau. Nützliche Ideen für eine genauere empirische Analyse des Universums verletzter Würde finden sich bei Nora Jacobson (2015). Gestützt auf Studien im Gesundheitswesen und dem System sozialer Dienste unterscheidet sie zwischen 23 sozialen Vorgängen, die Würdeverletzungen interaktiv hervorrufen können.

23 Wege der Würdebeschädigung

- „Rudeness"- häufig an öffentlichen Orten im Einsatz und sichtbar
- „Indifference" – Beispiel: endloses Warten in Institutionen
- „Condescension" – herablassendes Verhalten, Ignorieren
- „Dismissal" – Abwerten von Bedürfnissen, Wissen u. a.
- „Diminishment" – formelle Herunterstufung
- „Disregard" – gezieltes Übersehen
- „Dependence" – negative Bewertung als unterstützungsbedürftig
- „Restrictions" – Einschränkung von Autonomie
- „Objectification" – Behandlung von Personen als Sache
- „Intrusion" – Grenzüberschreitung

© Der/die Autor(en), exklusiv lizenziert an Springer Fachmedien Wiesbaden GmbH, ein Teil von Springer Nature 2023
F. W. Stallberg, *Soziologie der Würde*,
https://doi.org/10.1007/978-3-658-40208-2_9

Tab. 9.1 Entwürdigung. (Eigene Darstellung)

Würdeverweigerung	-verletzung	-Eigenverlust	-Entzug
Diskriminierung	Beleidigung	Bloßstellung	Zerstörung
Exklusion Entrechtung	Demütigung Kränkung	Abweichung Lüge, Täuschung	Degradierung Raub
Deprivation	Degradierung	Vertrauensbruch	Ausschluss
Ausbeutung	Stigmatisierung Manipulation	Kompetenzmangel	
Dehumanisierung	Erniedrigung		
	Beschämung		

- „Contempt" – subjektiv erlebte Verachtung
- „Trickery" – Manipulation der Realitätswahrnehmung des Gegenübers
- „Grouping" – Personen werden entindividualisiert, nur noch als Gruppenangehörige gesehen
- „Labeling" – Aufzwingen eines negativen Status. Stigmabildung
- „Vilification" – Abstempelung als böse u. ä.
- Suspicion – Verdachtserhebung gegenüber einer Berechtigung
- „Discrimination" – Verweigerung von Rechten aufgrund von Status und/oder Mitgliedschaft
- „Exclusion" – Ausschluss aus sozialen oder physischen Räumen, die eigentlich allen offen stehen
- „Exploitation" – bloße Benutzung, Ausbeutung
- „Revulsion" – Abscheu gegenüber Berührung von Bedürftigen aller Art
- „Bullying" – andere Gruppenmitglieder systematisch zum Opfer von Schädigung machen
- „Assault" – Einsatz physischer Gewalt
- „Abjection" – Fordern von Unterwerfungsakten

Es fällt an dieser so differenzierten Sicht in die Vielfalt der Demütigung gleich auf, dass die gewählten Kategorien sich zum größeren Teil auf abgrenzbare soziale Situationen beziehen, zum anderen aber höchst allgemeiner Art sind, gesellschaftliche Verhältnisse insgesamt kennzeichnen. Und auch nicht ohne Weiteres nachzuweisen sind. Jacobson nutzt indes diese große analytische Breite zur Bildung von Patterns der Analyse. Benannt sind diese als „unjust accusation", „reduced circumstance" und „dignity trap". Ziel der Ermittlung sind in jedem Entwürdigungsfall die Verletzungsquelle, das Maß der Kontrolle der Handelnden über das Geschehen, die Verbreitung, Häufigkeit und Dauer, Ausführung und Zustandekommen, Intentionalität und potentieller Zuschreibungscharakter. Und häufig werden die vorgeschlagenen Konflikt- und Beschädigungsgründe als vorrangig erkennbar sein.

10 Entwürdigungsbedingungen im Wandel

Von besonderem Interesse sind aus soziologischer Sicht die unterschiedlichen Bedingungen, die auf die Entstehung und die Verbreitung von Entwürdigung Einfluss nehmen und natürlich auch deren – wie überall gegeben – tiefgreifenden Wandlungen. Die Rede war bisher schon von Bestimmungsfaktoren, die in der Natur der Würde selbst angelegt sind, wie der hohe Identitätswert, Prekarität und Verwundbarkeit, anspruchsvolle Selbstdarstellungsanforderungen, permanenter Erneuerungsdruck. Auch wurden die in würderelevanten Interaktionen genuin vorhandenen Spannungen und Wahrnehmungsdiskrepanzen aufgeführt. Für die Erklärung von Entwürdigungsrisiken sind aber unbedingt der institutionelle Entstehungskontext und die gesellschaftlichen Verhältnisse, die mitbestimmen oder sogar vorentscheiden, ob Würde unter dem Druck von Konflikten, Krisen und Verlust erhalten oder auch wiedergewonnen werden kann, hinzuzunehmen.

Im folgenden Kapitel der Einführung sollen ja ausgewählte Problemfelder von Würde und Würdebeschädigung wie Arbeit, Armut und Krankheit und Sterben vorgestellt werden. Dort werden dann einige aktuelle „Entwürdigungstreiber" in Aktion zu beobachten sein.

Zu berücksichtigen sind vor allem:

- Die Erhöhung und Legitimität der subjektiven Ansprüche auf Würde und Respekt, die von immer mehr Gesellschaftsangehörigen auch fortwährend eingefordert, erkämpft und verloren werden
- Würdeverlustrisiken durch Pluralität, Unklarheit und permanente Veränderung der für bestimmte soziale Situationen geltenden Achtungsstandards mit auch dem Wandel der subjektiven Wertorientierungen
- nicht nur demografisch interessant, die beträchtliche Verlängerung der Lebenszeit in der alternden Gesellschaft mit einer Anhäufung biografischer Grenzsituationen wie allein, pflegebedürftig, im Sterben sein

- die globale Zunahme des Entwürdigungspotentials durch die sich noch vergrößernde Kluft zwischen Armut und Reichtum
- Würdebedrohung durch soziale Exklusion, Marginalisierung, sozialen Abstieg
- Entwürdigung durch die unterschiedliche soziale und monetäre Wertschätzung gesellschaftlicher Berufsarbeit
- die Gefährdung der persönlichen Würde durch die Abhängigkeit – häufig in Form von Zwangsmitgliedschaft – von sozialen Institutionen und deren Erwartungen, Entscheidungen, Kontrolle
- natürlich auch die zunehmende Illegitimierung des Angriffs auf Würde durch die Menschenrechte und die Anerkennung und Durchsetzung des Grundwerts, mit der gleichen Würde zu leben
- Würdeverfall und -verlust durch selbst verursachte oder erzwungene Enthüllung in der digitalisierten Unterhaltungs- und Erregungsgesellschaft, in Form etwa der Preisgabe von beschämungsträchtigen Meinungen, Haltungen, Bedürfnissen, Geheimnissen u. a.
- die Zunahme der Entwürdigung durch Rassismus und andere Formen von Diskriminierung, die sowohl öffentlich ernster genommen als auch subjektiv tiefer erlebt und in ihren Folgen erfahren werden
- die direkte und strukturelle Gewalt, Krieg, Terror, Missbrauch, „Umerziehung", welche so vielen Menschen weltweit mit zerstörerischen Auswirkungen auf die Selbstachtung zugefügt wird und
- eine strittige Annahme, der Würdeverlust, den wir allein durch Zugehörigkeit zu nationalen Gesellschaften erleiden, die ihre Wohlstandserzeugung höchst unmoralisch auf Ausbeutung und Kolonialisierung gründen und mit der Externalisierung von unumkehrbarer Umweltzerstörung abgesichert haben.

Der Bedingungskatalog ließe sich bestimmt fortführen. Deutlich wird nur, nahezu alle sozialen Übel verfügen über das Potential, neben verschiedensten anderen Konsequenzen auch individuelle Achtung und Autonomie zu beschädigen.

„Königswege" der Entwürdigung 11

11.1 Demütigung

Meine kleine Einführung in die soziale Welt der Demütigung gründet sich zuerst auf die schon klassische Analyse von A. Margalit (2012, zuerst 1999), weil hier, wie schon im „Theoriekapitel" gezeigt, Demütigung als die wesentliche, institutionalisierte Ausdrucksform der entwürdigenden Gesellschaft dargestellt wird. Margalits Problemzugang ergänze ich um Thesen und Befunde aus einigen neueren Texten, in denen Demütigung thematisiert wird. Hier finden sich interessante Erweiterungen, aber auch Neuorientierungen, die den Blick auf das Phänomen schärfen und aktuelle gesellschaftliche Entwicklungen aufnehmen. So abgesichert, gebe ich dann eine Empfehlung für ein die Soziologie der Würde stärkendes Konzept von Demütigung ab.

Für Margalit stellen Demütigungen Verhaltensweisen, aber auch Lebensbedingungen dar, welche Menschen gute Gründe geben, sich missachtet zu fühlen (21). Es sind offensive Handlungen, die mit Menschen unpersönlich und inhuman umgehen, sie aus der Gemeinschaft ausschließen und die Kontrollfähigkeit rauben. Es gilt immer zwei Dinge in den Blick zu nehmen: den institutionalisierten Ausschluss auf Organisationsebene und den subjektiven Verlust von Freiheit und Kontrolle mit der tiefen Verletzung der Privatsphäre (121). Ob aber die Bedingungen für das Vorliegen von Demütigung tatsächlich erfüllt sind, bleibt prüfungsbedürftig. Dabei besteht für Margalit die Möglichkeit, dass ein Ausgeliefertsein zwar empfunden wird, die Gefühle objektiv aber gar nicht begründet und berechtigt sind. Dies aber nicht in dem soziologischen Sinne, dass es stets Deutungskonflikte über Geschehenes geben kann, sondern mit dem Anspruch, über Realität und Rationalität urteilen zu können.

Margalit richtet sein Interesse vorwiegend auf Demütigung als Gruppenphänomen; sei es, dass identitätsstiftende Gruppen insgesamt gesellschaftlich ausgeschlossen werden (142) oder einzelne Personen aus Gruppen, auf deren Zugehörigkeit sie Anspruch erheben. Ihre Ursachen findet die so beschriebene Demütigung in der Missachtung basaler menschlicher Interessen, in unpersönlicher, würdeloser Behandlung durch die Bürokratie, auf gesellschaftlicher Ebene dann durch Armut, staatliche Verweigerung der eigentlich vorhandenen Mittel, durch die Macht des Mitleids in der modernen Wohltätigkeitsgesellschaft, durch Arbeit unter Zwang. Hingegen ist es, Margalit zufolge, jeweils erst zu klären, ob es sich bei den Problemen Ausbeutung und Strafe auch um Demütigung handelt (250). Entscheidend ist der nachweisbare Anteil an Zwang.

Margalits Einblicke in Demütigung als sozialer Prozess bieten eine Grundlage, die inzwischen einiges an kritischem Ausbau erfahren hat. Mal in kurzen pointierten Analysen (Bieri, Pollmann, Schützeichel), mal in umfangreichen problemgeschichtlichen Forschungen (Frevert, Lindner).

Festzuhalten sind hier einmal Demütigungsideen, die Arndt in einem Handbuch der Unmoral (2010) präsentiert. Er erweitert die Dimension der verlorenen Verfügungsgewalt um das personale Selbst als Schädigungsort. Er betont weiterhin die fest eingeplante Dauerhaftigkeit von Demütigungsakten: Die Gedemütigten sollen am Boden bleiben. Und thematisiert wird ferner der statusverändernde Grundzug von Demütigung. Die Demütigenden werten sich auf, während die Gedemütigten eine soziale Herabstufung erfahren.

Auch für Peter Bieri ist Demütigung eine Täter-Opfer-Beziehung. Worauf es nun besonders ankommt, ist die Ohnmachtserfahrung der Menschen, denen Würde genommen wird (Bieri 2013). Diese Ohnmacht beruht in der Unmöglichkeit, sich lebensentscheidende Wünsche erfüllen zu können. Beruhen kann sie auf ganz Verschiedenem: Der individuellen Ohnmacht der Lähmung von Bewegungsfreiheit (sich selbst nicht treu bleiben können oder dürfen), auf dem gesellschaftlichen Schicksal von Armut und Arbeitslosigkeit, der Vergeblichkeit von Leidensprävention. Es ist für das Sichereignen von Demütigung stets auch notwendig, dass die Ohnmacht der einen, von anderen, ob Urheberinnen oder Beobachtende der interessierten Außenwelt in ihrer Willkür, vorgeführt wird.

Ute Frevert hat öffentlich demonstrierte Demütigung in weit ausgreifenden historischen Studien (2017, 2020) zu vielfach spektakulären Fällen und Schauplätzen als Strategie zur Durchsetzung politischer Macht beschrieben. Sie zeigt also (nur) den Stellenwert von Demütigung in der Politik, kaum deren soziale Konsequenzen auf. Andererseits wird deutlich, dass politisch vollzogene, oft zeremoniell angelegte Demütigung nicht nur die Karriere politischer Eliten betrifft,

11.1 Demütigung

sondern auch ganzen Gesellschaften als Erniedrigung erscheinen kann – man denke an „schmachvolle" Friedensverträge.

Gewürdigt sollen hier einige „Entdeckungen" Freverts zum Demütigungskomplex werden, die übergreifender Art sind. So macht sie gebührend darauf aufmerksam, dass Demütigung das negative Gegenüber von selbstgewollter dienender Demut bezeichnet. Woran die Beobachtung anschließt, dass Demütigung auch im Einvernehmen der Beteiligten oder sogar– speziell im Feld sexuellen Handelns – verabredet geschehen kann und dann über die potentielle Schädlichkeit anders zu befinden ist. Eine zweite hier wichtige Position Freverts besteht in der Einschätzung, die Sensibilität für persönliche Demütigungserlebnisse habe sich in der Gegenwart erheblich ausgeweitet (2020, 67). Vor allem aber geht sie davon aus, dass sich, anders als in der früheren Problemgeschichte der Fall, der Staat und seine Institutionen weitgehend aus dem „Demütigungsgeschäft" zurückgezogen haben, stattdessen soziale Gruppen und Cliquen hier den Ton angeben. Und es erlangen nun die Medien als „Akteure eigenen Rechts", die systematisch Demütigungsfälle aufspüren und dramatisieren – und darüber hinaus die Demütigungsrealität erst erzeugen – besondere Bedeutung im Demütigungsprozess. Demütigung vollzieht sich immer mehr im allgegenwärtigen öffentlichen Blick, was sie erst recht leidvoll sein lässt.

Eine theoretisch ambitionierte soziologische Bearbeitung hat Demütigung vor wenigen Jahren von dem Bielefelder Soziologen Rainer Schützeichel erfahren (Schützeichel 2018, 2019). Auch er bemerkt den Machtanstieg der Demütigung, ist sich sicher, dass „die strukturellen Opportunitäten und kommunikativen Möglichkeiten für Demütigungen" (2018, 25) stark zugenommen haben. Der Akt der Demütigung werde durch das gesellschaftlich übliche Vergleichen und Hierarchisieren immer naheliegender, die Chancen der Beteiligung an „Demütigungswettbewerben" (26) habe sich technologisch um ein Vielfaches erhöht, und schließlich gebe es genügend normative Gründe dafür, zu verletzen oder sich verletzt zu fühlen. Dabei ist erkennbar, dass sich in den einzelnen gesellschaftlichen Bereichen spezifische Demütigungsregimes entwickelt haben, Schützeichel selbst will Fälle aus der Altenpflege, der universitären Kommunikation, der Welt der Behörden, der Polizei und des Militärs zum Forschungsgegenstand machen.

Obgleich es bei Demütigung oft eindeutig zu sein scheint, dass sie passieren und wie sie ablaufen, hält es Schützeichel für das vornehmlich zu Erforschende, was sie eigentlich ausmacht und wie sie sich herstellen (7). Es ist das stets Umstrittene, was Demütigung für ihn vor allem auszeichnet. Er nimmt an, dass eher selten der Fall ist, dass die von der einen Seite unternommenen Handlungen herabsetzender und ausgrenzender Art von den Gemeinten bestätigt werden. Stattdessen regiert der Widerspruch, und kann es dann zu Demütigungsversuchen zweiter Ordnung kommen (31). Es gibt also weit mehr Demütigungsabsichten und -verfahren als wirkliche Demütigungsinteraktion. Erfolgreiche Demütigungen schaffen Krisensituationen, die kaum je vergessen werden können und auch durch Identitätsarbeit kaum tilgbar sind.

Komplexe Anforderungen gelten besonders für die meist im Blickpunkt stehenden triadischen Demütigungskonstellationen. Hier besteht ein Publikum, das die Demütigung im sozialen Gedächtnis befestigen kann und die die eingesetzten Praktiken aus dem Demütigungsrepertoire müssen symbolisch identifizierbarsein und als legitimiert gelten.

In der Sicht Schützeichels werden sich Demütigungen realisieren und individuieren, wenn Personen der normative Status abgesprochen wird, der auf der Zubilligung von Würde, Respekt und Achtung beruht. Ihnen werden für berechtigt gehaltene Ansprüche und Erwartungen auf Teilhabe verneint und verweigert. Gesellschaftlich betrachtet, sind Demütigungen ein bewährtes Mittel, um Anerkennungsverhältnisse und damit auch die darin enthaltenen Identitäten und Lebensformen zu regulieren.

Ganz in meinem Sinne trennt Schützeichel konsequent zwischen Demütigung und Beschämung. Beide Praktiken verfügen ihm zufolge über ganz eigene Funktionen: Demütigungen regulieren Zugehörigkeit und Teilhabe von Individuen und Gruppen und zielen auf Ausschluss; Beschämungen hingegen setzen an Verfehlungen und Abweichungen an und erstreben Konformität und Normalisierung (34).

Abschließend halte ich noch einige Überlegungen fest, die sich in den kritischen und global angelegten Demütigungsstudien finden, die Evelin Lindner seit vielen Jahren betreibt (2005). Lindner beobachtet wie andere eine starke weltgesellschaftliche Bedeutungszunahme der Demütigung, ob als sozialer Prozess oder subjektives Gefühl. Ihrer Einschätzung nach beruht dieser Wandel auf der Transformation der traditionellen Akzeptanz von bedrückender Ungleichheit in schmerzhafte kollektive Demütigung. Der Grund liegt darin, dass „Unterdrückte, Unfreie, Unterprivilegierte, Rechtlose lernen, dass ihre niedere Stellung bei weitem nicht rechtmäßig ist" (10). Dieses neue Demütigungsproblem ist gar eines der doppelten Demütigung durch weltgesellschaftliche Armutssteigerung zum einen, dem Wirken neuer „Doppelstandards" und Menschenrechtsverheißungen andererseits. Als einzige Autorin ist Lindner auch an der Möglichkeit der konstruktiven Bewältigung von Demütigungsprozessen und -emotionen interessiert. Letztlich bildet das Engagement für die Heilung erlittener Demütigungserfahrungen das eigentliche Erkenntnismotiv.

Ich will hier im integrativen Anschluss an die benannten Ansätze zur Demütigung diese Entwürdigungsform so bestimmen: Sie verkörpert einen mit Zwang

Tab. 11.1 Demütigung. (Eigene Darstellung)

Entstehung	Merkmale	Mittel	Folgen
Gelegenheiten	Aufgezwungene Ohnmacht	Herabstufung	Schädigung des Selbst
Illegitimität von Ungleichheit	Dauerhaftigkeit	Ausschluss	Verlust von Autonomie und Mobilität
Soziale Machtasymmetrie	Miterleben	Anprangerung	Emotionaler Schmerz
Kommunikation über Anerkennungsansprüche	Umstrittenheit	Verletzung der Intimsphäre	Aufwertung der Demütigenden
Eignung als Durchsetzungsmittel	Vorkommensvielfalt	Diffamierung, Diskreditierung	Skandalisierung
Kollektive Racheaktionen	Vielfach öffentlich vollzogen	Demonstration von Unterlegenheit	Rufschädigung
Bildung eines Publikums	Nur schwer aufhebbar		Verarmung

unterschiedlicher Art arbeitenden sozialen Prozess in zwischenmenschlichen Begegnungen, sozialen Institutionen und internationalen Beziehungen, welcher, bestehende Anerkennungsansprüche bestreitend, auf Ausschluss und Abwertung von Status und Ansehen der Gedemütigten abzielt – mit gleichzeitigen Gewinnen der Demütigenden. Demütigung ist ein häufig auf Widerstand der Betroffenen stoßendes Unternehmen, das vielfach Absicht oder erfolgloser Versuch bleibt. Es sind die Macht- und Legitimitätsdifferenzen, die eingesetzten Praktiken und, neu hinzugekommen, die abschwächende oder verstärkende, rechtfertigende oder skandalisierende mediale Beteiligung, welche vor allem über das Gelingen der Demütigung entscheiden. Öffentlich oder nur privat handelnde Personen und Kollektive, die der Demütigung zum Opfer fallen, haben Kontroll- und Autonomieverlust, Schädigung des Selbst, Achtungs- und Ressourcenentzug zu erleiden (Tab. 11.1).

11.2 Beschämung

Merkmale und Auftretensformen

Soziale Beschämung kann durchaus eng mit Demütigung verbunden sein. Jedoch muss diese keineswegs der Bloßstellung dienen und auch nicht Scham als Folgegefühl hervorrufen, sondern stattdessen andere emotionale Reaktionen wie Wut, Groll und Hass, Angst, Empörung. Anders herum betrachtet, verfügt die Aktivität des Beschämens über vielerlei Erscheinungsgründe und -formen und kann sie auch durch bewusst riskante oder der Ahnungslosigkeit geschuldete Grenzüberschreitungen selbst herbeigeführt sein. Erst recht gewinnt die Beschämung Abstand und Eigengengewicht, wenn wir sie auch als potentielle Form von gewaltlosem Widerstand gegen schädliche Normverstöße Mächtiger erkennen und für die Möglichkeit von affektiver Beschämung als politisches Handeln eintreten (Jacquet 2015). Schließlich wird kriminologisch schon länger diskutiert, inwiefern kontrollierte Beschämung bis hin zur öffentlichen Anprangerung von Normverletzungen, etwa durch Prostitutionskunden, Ladendiebstahl und anderem präventive und reintegrative Wirkungen erzeugen kann.

Auf die Ambivalenz und Dynamik der sozialen Beschämung sind auch die Forscherinnen Ellerbrock und Fellermann (2019) aufmerksam geworden, die sich dem neugebildeten Forschungskonzept der „Invektivität" verschreiben. Beschämung markiert eine – vielleicht die bedeutsamste – der invektiven Praktiken, zu denen weiterhin Herabsetzungen, Beleidigungen, Beschimpfungen, Schmähungen gehören. Gemeinsam ist ihnen das Sichereignen vor realen oder nur imaginierten Zeugen, eine hohe affektive Qualität und die Resonanz auf die verletzende Kommunikation. Vorrangiges Anliegen der Forschung ist der Beitrag, welchen invektive Praktiken zu Produktion und Stabilisierung gesellschaftlicher Ordnung im Einzelnen leisten.

Was ist das Besondere der Beschämung als Interaktion? Den einzigen mir bekannten soziologisch fundierten Vorschlag zur Definition hat Sighart Neckel (2000, 100) vorgelegt. Für ihn geht es um „die positive oder negative Chance… in der Fremdwahrnehmung anderer die normativen Bedingungen eigener Wertschätzung bewahren zu können".

Sozial beschämt zu werden, heißt also, im und durch den Blick der anderen Achtung zu verlieren. Ich will den Prozess hier so beschreiben: Es geschieht die zumeist beabsichtigte interaktive Bloßstellung einer Person, häufig im Beisein anderer, die Normbrüche, Makel, Fehlleistungen thematisiert und enthüllt. Beschämung entzieht durch negative Würdigung, das Hervorheben von Abgewertetem für gewöhnlich auch Würde, lässt das Erweisen eines Mindestmaßes von Achtung vermissen. Sie kann gleichermaßen den Körper von Menschen, soziale Kompetenzen, den Status, die Identität, und alles zusammen, beschädigen. Sie verletzt durch Grenzüberschreitung und Invasion des individuellen Nahraums, aber mitunter auch durch genau das Gegenteil – Distanziertsein, Ignorieren, Vergessen. Beschämungen können als beabsichtigte Akte Teil und Ausdruck legitimer Herrschaftsausübung sein (Landweer 2006, 80 f.) und für die Festigung der

11.2 Beschämung

Macht sozialer Normen eintreten. Häufiger ist aber der Fall, dass sie sozial unbemerkt in privaten Beziehungen geschehen, und dann eben nur Macht über das Achtungsgefühl der von ihnen Betroffenen gewinnen.

Die Wirksamkeit einer Beschämung ist also von Machtkonstellation und Machteinsatz abhängig, daneben von den je zum Thema werdenden Auslösern der Enthüllung, den geltenden sozialen Vorstellungen von Anstößigkeit, den individuellen Standards und Regelverständnissen, der schon gelegten Schambiografie, die wiederum als selbstwert-, status- und kompetenzabhängig bestimmt ist.

Das konkrete Auftreten der Beschämung kann sich ganz unterschiedlich vollziehen. Sie kann der subjektiven Hybris der Aufsteigenden und Grenzüberschreitenden entspringen und eine darauf erfolgende Reaktion sein oder – so ja meist verstanden – eine ungewollte schockierende Enthüllung. Sie kann auf aktivem Sichzeigen vor den anderen oder auf deren entlarvendem Schauen beruhen. Sie berührt im Regelfall nur die Bloßgestellten selbst, vermag sich aber auch als Mitscham auf mit uns identifizierte Nahestehende beziehen.

Gingen wir der Frage, was jeweils an Merkmalen und Handlungen aufgedeckt, dem Schutz der individuellen Kontrolle entzogen werden kann, gründlich nach, kämen wir, je nach untersuchtem Handlungsfeld, auf eine wahre Fülle von Risikosituationen. Als interessantes Beispiel sei hier der Bereich Sport betrachtet, auch weil es dazu einen erhellenden Text des Soziologen Günter Burkart gibt (Burkart 2006). Burkart geht von beschämenden Niederlagen im Boxsport aus und macht hier als die vorrangigen Schamanlässe die Selbstdarstellungen der Akteure vor dem Kampf aus (107). Hinzu tritt die Deutlichkeit der Niederlage bis hin zur Demütigung und ihre Erklärungsversuche. Burkart zeigt darüber hinaus auf, dass zur Verringerung der Risiken des Verlierens und Scheiterns illegitime Strategien, speziell Doping, verbreitet sind, die auch zum eigenen Beschämungsanlass geworden sind.

Allem Anschein nach sind die Ausgangsbedingungen und Ansatzpunkte für Beschämungen im kommerzialisierten Hochleistungssport noch zahlreicher und komplexer geworden (Tab. 11.2). Hinweisen lässt sich auf das Ausmaß der festgestellten Korruption bei bedeutsamen Entscheidungen, etwa für die Austragungsorte von Wettkämpfen; die Beschämung durch den pharmakologisch auch nachträglich möglichen Nachweis von Betrug und die öffentliche Aberkennung von Titeln und Rekorden mit der Tilgung der Erfolgreichen selbst aus der Sportgeschichte; die Aufdeckung von Höhe und unmoralischer Verteilung nicht mehr legitimierbarer Verdienste und Transferzahlungen bis hin zur Benennung parasitärer Personen und Cliquen („Spielervermittler"); die Enthüllung belastender Fakten über Ausbeutung und Gewalt wie auch Umweltzerstörung; schließlich, mit ja eher positiver Funktion, die politisch orientierten Beschämungsaktivitäten

Tab. 11.2 Beschämung im Hochleistungssport. (Eigene Darstellung)

Entstehungsgründe	Enthüllungen	Folgen
Hoher Qualifikationsdruck	Betrug, Bestechung, Doping	Strafen, Sperren, Ausschluss ganzer Nationen
Ständige Erfolgskontrolle	Versagen, Fehlgriff	Aberkennung von Erfolgen
Vermarktlichung	Unerlaubte Absprachen	Degradierung
Kurze Karrieredauer	Unerlaubtes Material	Stellvertretende Sanktionierung
Hohe Unterhaltungserwartungen	Rassistische Äußerungen	Ächtung
Nationalismusreste	Ausbeutung und Gewalt	Stigmabildung
Zunahme von Autonomieansprüchen	Sportexterne Normverstöße privater Art	

prominenter Sportler und Sportlerinnen. Und nicht zu vergessen ist die große Menge eher trivialer Ereignisse, die durch spektakuläre, unvorstellbare Fälle von spielentscheidendem Versagen und Kompetenzmängel markiert sind.

Aktualität
Beschämung scheint auf der Grundlage einer Modernisierung von Scham und Peinlichkeit insgesamt und der eigenen Verbreitung und Wirkung wegen weit wichtiger denn je geworden zu sein. Und sie findet offenbar als Selbstbehauptungs- und Optimierungstechnik in der modernen Welt immer mehr Opfer und Anwenderinnen – auch weil sie, so meint Hell (2018, 200 ff.) in einer neueren Studie, inzwischen häufig toleriert und individualisiert wird, anstatt wie früher als schamloses Verhalten abgewertet zu werden. Die Hintergründe des modernisierten Beschämens finden sich in Entwicklungstendenzen, welche auf die Scham insgesamt zutreffen: Informalisierung, Mediatisierung, Übergreifen vom Körper zur Kompetenz, Zunahme des Miterlebens und -erleidens von öffentlich stattfindenden Missgeschicken und Missachtungen und das eine oder andere mehr. Daneben lassen sich aber diverse, Enthüllung und Enthüllungsfolgen verstärkende Prozesse registrieren

- Die Vervielfachung und Vielfalt der Beschämungsöffentlichkeit
- Die Massenhaftigkeit der Motivation zur Enthüllung in der Erregungs- und Casting-Gesellschaft der Gegenwart (Marks 2010, 100 spricht von „entwürdigung.com")

11.2 Beschämung

- Die Etablierung der persönlichen Kurznachricht als besonderer, d. h. spontaner, ungeschützter, emotional gefärbter Kommunikationsform
- Die permanente Produktion von Offenlegungs-, Beteiligungs- und Kompetenzbekundungssituationen
- Die Dominanz des Mitteilungs- und Kommentierungszwangs in den sozialen Medien, unbeeindruckt von Risiken der Kritik und Klage
- Der Bedeutungsverfall von traditionell starken Normen des Anstands, der Diskretion, der Rücksichtnahme
- Die Vermehrung persönlicher Verwundbarkeit durch die digitale Mitteilung von intimen Bedürfnissen, speziell nach Kontakt, Erlebnis und Bindung
- Die Aktualität von Anprangerung als alternative politische Strategie

Der spätmoderne Charakter sich wandelnder Beschämung gibt sich gut am digital verschuldeten Problem des Online- oder Public Shaming – hierzulande auch als Cybermobbing (Köhler 2017) erörtert zu erkennen. Ein digitalisierungsbedingtes Phänomen, das sich mit schon älteren sozialen Problemen wie Mobbing, Stalking, (Kinder)Pornografie verbindet. Wird dessen noch junge Geschichte betrachtet, so wird als Anfang meist der Fall von Monica Lewinsky, als Opfer des früheren US-Präsidenten Bill Clinton, 1998 verwendet. Public Shaming lässt sich als Form von Selbstjustiz, die durch den Einsatz sozialer Medien Personen oder auch Organisationen öffentlich bloßstellt und so auch erniedrigt, bestimmen. Objekte sind in der Regel bis dahin noch öffentlich unbekannte Personen, die etwas gesellschaftlich bzw. in bedeutsamen sozialen Umwelten nicht Akzeptables, ob Meinung, vermeintliche Fakten, eigene „Werke", Forderungen unter dem Anonymitätsschutz des Internet zum Ausdruck bringen und nicht mehr, falls denn gewollt, ungeschehen machen können. Es vollzieht sich daraufhin eine Art virtueller Steinigung, die von negativen Emotionen wie Wut, Empörung, Groll, Neid, Rache gefördert und begleitet wird. Public Shaming zerfällt je nach den betroffenen Opfern und den Inhalten der Bloßstellung in verschiedenste Varianten. Zu eigenen Bezeichnungen haben es bisher etwa Doxing, fat shaming, skinny shaming, slut shaming gebracht. Vom spektakulären und selteneren Phänomen des Shitstorms lässt sich Public Shaming etwas mühsam insofern abgrenzen, als das Letztere eher Personen und Institutionen trifft, welche über Macht und Prominenz verfügen. Und von daher wieder bei den Massenmedien ein besonderes Darstellungsinteresse hervorruft. Natürlich ist es auch soziologisch belangvoll, wenn etwa die Beurteilung der Legitimität von Äußerungen einen Konflikt zwischen empörten und zustimmenden oder wenigstens rechtfertigenden Onlinegemeinschaften hervorbringt.

Beschämung durch digitale Medien kann nun, was angesichts der Deformierung der Internetkommunikation durch die Normalität von Schamlosigkeit einerseits,

Online-Shaming andererseits überraschen mag, aus der Perspektive ihrer sozialen Nützlichkeit betrachtet werden. Vor allem die nordamerikanische Umweltwissenschaftlerin Jennifer Jaquet (2015) setzt sich in einer vielzitierten Studie dafür ein, die traditionelle – und durchweg als anachronistisch gesehene öffentliche Bloßstellung von „Übeltätern" digital neu zu beleben (15). Beschämung dieser Art ist immer gruppenbezogenes Online-Handeln. Sie markiert inzwischen eine, wie sich an vielen bekanntgewordenen Beispielen zeigen lässt, eine effektive politische Strategie, die uns allen zur Verfügung stünde. Darüber hinaus, was in Zeiten der Rückkehr von Krieg in Europa gleich Sympathie hervorruft, eine solche des „gewaltlosen Widerstands" (34) im Kampf für eine bessere Welt.

Wirkungsvolle politische Beschämung ist allerdings auf den richtigen Zeitpunkt und die situativ passende Stärke angewiesen. Jaquet selbst nennt sieben Wege als Orientierungshilfe (113 ff.). So sollte von den Beschämenden nur die von dem jeweiligen Regelverstoß auch betroffene Öffentlichkeit angesprochen werden; es sollte sich um eine wirklich erhebliche Abweichung handeln; die Beschämung richtet sich auf Regelverstöße, die nicht schon rechtlich von Strafe bedroht sind; die Quelle der Beschämung muss eine bedrohliche Bedeutung besitzen; die Quelle muss in der Öffentlichkeit Glaubwürdigkeit besitzen. Politische Beschämungen müssen sich auf die wichtigsten Regelverstöße, die am stärksten dafür verantwortlich zu Machenden und auch die am ehesten beeinflussbaren „Übeltäter" mit hinreichendem Schamempfinden konzentrieren. Und mit Veränderung anstrebenden Beschämungen muss sparsam und vorsichtig umgegangen werden, oft reicht schon die Androhung.

Politische Beschämung soll nicht das Leben der Verantwortlichen zerstören, sondern präventiv wirken, durch ihr Risikopotential von Fehlverhalten abschrecken. Sie ist im Sinne Jaquets eine auch entwürdigende Intervention, die unter günstigen Bedingungen schädliches Handeln von Mächtigen und Multis, Umwelt Zerstörenden und Steuern Hinterziehenden kontrollieren und einschränken kann.

11.3 Degradierung

Soziale Degradierung taucht stets auch als Anlass oder Form von Demütigung oder Beschämung auf. Ich möchte sie aber als abgrenzbar und durch eine eigene Identität ausgewiesen betrachten, welche auch Aspekte von Bloßstellung und Erniedrigung erkennen lässt.

Degradierung bedeutet, einem Menschen den zuvor eingenommenen sozialen Status in einem von speziellen Regeln gesteuerten Verfahren vor den Augen einer Öffentlichkeit zu entziehen und ihn dadurch in umfassender Weise zu schädigen. In der hier beschriebenen Funktion als Merkmal von sozialer Interaktion

11.3 Degradierung

und Ungleichheitsstabilisierung wird das Thema noch so gut wie nie behandelt. Für gewöhnlich geht es um berufliche Herabstufungen – in bestimmten Institutionen förmlich vollzogen, Macht- und Privilegienverlust und, seltener auch, um Degradierung in Teams, öffentlich besonders im Sport entdeckt, in welcher ein zuvor lange etabliertes Mitglied seinen Stammplatz einbüßt. Zumeist dann aber anderswo unter Vertrag genommen wird und neues Glück findet.

In die Wissenschaft der Gesellschaft ist Degradierung als soziales Konzept 1956 schon von Harold Garfinkel eingeführt worden (Garfinkel 1956). Der ungewöhnlich kurze Aufsatz hat mit seiner ethnomethodologischen Anlage vor allem in der subjektorientierten Soziologie des abweichenden Verhaltens in den letzten Jahrzehnten des 20. Jahrhunderts große Beachtung und Zustimmung gefunden. Jedoch sind, soweit ich sehe, niemals Versuche einer Fortentwicklung unternommen worden.

Bei Garfinkel lässt sich aber weiterhin das Wichtigste über die Natur der Degradierung erfahren, wobei diese freilich auf den zeremoniellen Ablaufprozess und seine Bedingungen hin analysiert wird. Degradierungszeremonien meinen „any communication work between persons, whereby the public identity of an actor is transformed into something looked on as lower in the local scheme of social types" (420). Es geht also stets um die ganze Identität der Person, nicht nur um Handlungen und Erwartungen, sondern um das, was von der bedeutsamen Gruppe als die ultimativen Gründe des Geschehens angenommen werden.

Garfinkel geht davon aus, dass in allen Gesellschaften, außer gerade in völliger Anomie befindlichen, formalisierte Degradierungsprozesse stattfinden. Es ist deshalb auch nicht nötig, über ihr Vorhandensein weiter nachzudenken, sondern nur darüber, durch welche Kommunikationstaktiken sie sich jeweils auszeichnen (421). Die Frage der Degradierungszeremonie und ihres Wandels ist für Garfinkel Teil der Soziologie der moralischen Empörung. Empörung als sozialer Affekt mit einer mit Scham, Schuld und Langeweile vergleichbaren Funktionsweise muss hinreichend und verbreitet genug bestehen, um für Degradierungen den Boden zu bereiten. Moralische Empörung verstärkt die Gruppensolidarität. Als Zeremonie ausgedrückt, wirkt sie wie eine „säkulare Kommunion". Sie ist aber nur als Entstehungsgrundlage interessant, nicht hingegen, was sich ja auch zu befragen anbietet, als Antwort auf oder Widerstand gegen Angriffe auf Würde.

Das Muster, dem die moralische Empörung im Sinne Garfinkels folgt, ist die öffentliche Denunziation. Womit hier nur öffentliches Brandmarken und Verurteilen ungeachtet der möglicherweise verachtenswerten Beweggründe gemeint ist. Durch die erfolgreiche Denunziation ändert sich der objektive Charakter der herausgehobenen Personen. Im Blick der Verdammenden jedenfalls werden sie zu ganz anderen Menschen. Das Gelingen einer öffentlichen Brandmarkung ist, sagt Garfinkel, an verschiedene Erfolgsbedingungen geknüpft.

Denunzierungsarbeit muss für die Beteiligten aufzeigen, dass etwas Außerordentliches passiert ist. Ungewolltes Ereignis und „Übeltäter" müssen dann in eine enge Verbindung gebracht und als nicht untypisch angesehen werden. Schließlich müssen noch die auftretenden Zeugen das Behandelte als von den Regeln wirklich abweichend und gegen die Gemeinschaft gerichtet, darstellen. Für die Anklagenden gilt, sie müssen ein bestimmtes Maß von Autorität erlangen und sollten ihre Argumentation auf die Würde überpersonaler Werte beziehen. Persönliche Interessen dagegen vollständig zurücktreten lassen.

Was für die soziologische Analyse der Degradierung sicherlich am meisten zählt, sind die Handlungsverhältnisse der als abweichend eingestuften Menschen. Sie werden von Lebens- und Handlungsort getrennt und an genau bezeichneten Orten vorgeführt. Dies sind meist soziale Institutionen, vor allem Gerichtshöfe. Sie verfügen über spezielle Aburteilungssysteme mit professionellen Degradierern (424). Wie sich die Prozesse dann im Einzelnen entwickeln und wie sie ausgehen, ist von der öffentlichen Berichterstattung, der Schwere der zu beurteilenden Taten, Anzahl, Prestige und Macht der Parteien abhängig.

Garfinkels Idee der Degradierung als wichtiger Entwürdigungsmechanismus ist nur Jahre später von Erving Goffman, einem anerkannten Klassiker der Soziologie, auf die Welt der totalen Institutionen – Asyle, Gefängnis, Klinik u. a. – übertragen worden (Goffman 1973). Hier liegt die Aufmerksamkeit jedoch auf dem Prozess der entrechtenden und entpersonalisierenden Übernahme von Gefangenen-, Patientinnen und Pflegebedürftigen-Rollen. Auf die für ausgegrenzte Handlungsbereiche und die dort Lebenden typischen Entwürdigungsrisiken und -rituale werde ich im folgenden Kapitel über Konfliktfelder der Würde sicherlich zurückkommen.

Durch unterschiedliche soziale Wandlungsprozesse haben sich aber auch neue, anders orientierte Erweiterungen und Fortentwicklungen eingestellt. Denn gerade in den letzten Jahren tritt uns degradierende Empörung als Unrechtsempfinden, ob direkt oder stellvertretend geäußert, entgegen, welches auch öffentlich vorgeworfen wird und für die ein- und ausgegrenzten „Schuldigen" Folgen von persönlichem und kollektivem Würdeverlust erzeugt. Empörung gilt dem Einsatz etwa aggressiver kriegerischer Handlungen, politischem Populismus, moralisch illegitimen Äußerungen, Steuerbetrug oder Nutzung steuerlicher Schlupflöcher. Geschäfte, die trotz Verweis auf Marktüblichkeit offenkundig der Mitnahme von „Übergewinnen" durch staatliche Subventionen dienen und so manches mehr an problematischen Aktivitäten kann dann eine Funktion der Entwürdigung erlangen.

11.3 Degradierung

So erscheint, wie neuerdings Anne Reichold (2019) schön aufzeigt, Empörung nicht nur in persönlichen Beziehungen zum Ausdruck zu kommen, sondern zu einer auf Kollektive bezogene Form der sozialen und politischen Kritik zu werden. Empörung richtet sich dann auf als ungerecht empfundene Handlungen und Haltungen ganzer Gruppen, aber auch auf strukturelle und institutionelle Dimensionen des Umfeldes, in dem sie agieren (68). Reichold identifiziert aus der vorliegenden Forschung vier unterschiedliche Formen kollektiver Empörung. „a)Das Subjekt der Empörung gehört zur Gruppe der Betroffenen. b) Das Subjekt der Empörung gehört zur Gruppe der Täter*innen oder ist ein/-e Nachfahre/-in. c) Das Subjekt der Empörung gehört zum politischen Kollektiv, innerhalb dessen die Verantwortung für das Unrecht ausgehandelt wird, z. B als Bürger*innen eines Staates. d) Das Subjekt der Empörung protestiert im Namen der weiteren Weltgesellschaft" (79).

Um diesen Ansatz aufzunehmen: Im Rahmen der Entwürdigungsforschung erscheint eine Verbindung der Empörungsidee mit dem klassischen Konzept der Degradierung ohne Weiteres möglich. Vielleicht wäre aber sogar besser, Empörung als zusätzliche und eigenständige Form von Entwürdigung auszuarbeiten.

Teil IV
Zentrale Problemfelder der Würde

Aktuelle Entwicklungen der Würdefrage

12

Fehlende, bedrohte und beschädigte Würde ist in einigen gesellschaftlichen Handlungsfeldern und für einige Lebensrealitäten, die uns alle betreffen, derzeit oder auch seit längerem schon ein Thema endloser Debatten, das durch immer neue Erfahrungen und Berichtsfälle in seiner Bedeutung bestätigt wird. Im Vordergrund stehen eindeutig die Arbeitswelt mit ihren ungleichen Rollen und Belohnungen, Entfremdungs- und Ausbeutungsrisiken und Konflikten zum einen; Institutionen des Versorgens, Betreuens, Behandelns, Wiederherstellens, Wiedereingliederns und Isolierens mit den ihnen ausgesetzten Menschen – Klientinnen, Patientinnen, Insassen – zum anderen. Würde ist in diesen beiden Bereichen einerseits ein tief verankerter und an unzähligen Stellen beschworener Wert, der in seinen Bedingungen und Beeinträchtigungen auch genau beschrieben und konkretisiert werden kann; andererseits ein unter vielerlei Hindernissen des Erreichens stehendes, durch die vorherrschenden strukturellen und normativen Verhältnisse ständig gefährdetes und eher selten sicher verfügbares Gut.

Würdeprobleme sind selbstverständlich auch in anderen Zusammenhängen und für andere Entwicklungen bemerkbar und wie im Fall der Alterswürde in Sachen Erfahren und Wahrnehmung sogar in einem starken Wachstum begriffen. In wieder anderen Bereichen werden Würdefragen immerhin gelegentlich so intensiv vertreten – etwa für die Realitäten Schule und Kindheit – dass man mit guten Gründen glauben kann, es müsse nun zum Problemdurchbruch kommen, von der Entwicklung jedoch erst einmal widerlegt wird.

Ob und wieweit Würde als etwas Bedrohtes erlebt wird, zum Konfliktgegenstand aufsteigt und öffentliche Problematisierungsaktivitäten auslöst, verweist auf die Verbreitung und Wirksamkeit problemerzeugender Umstände und Entwicklungen.

- (Nur) Nennen möchte ich hier die Wandlungen der hinter Würde befindlichen Wertvorstellungen und Ansprüche durch Individualisierung, Singularisierung, Pluralisierung, Digitalisierung
- Die Vermehrung und Ausdifferenzierung biografischer Grenzsituationen wie Schwerkranksein, weitgehend abhängig sein, sozial absteigen, Vereinsamung, existentiell folgenreiche Entscheidungen treffen müssen, Sterben und Tod
- Sozial auferlegte Veränderungen von subjektivem Status, Rollenverständnis, Selbstverständnis und Selbstwert mit jeweils neuen Anforderungen für Würdeerwerb und -erhalt
- Sämtliche sozialstrukturellen Entwicklungen mit potentiell negativen Auswirkungen auf Lebensbedingungen und Achtungschancen, etwa Einkommenssituation, Zugang zur Gesundheitsversorgung, Erfolgshöhe von Unterstützungs- und Behandlungstechniken
- Das Betroffensein ganzer Gesellschaftsgruppen von Exklusion und Deprivation

Meine hier vorgenommene Entscheidung, Würdeprobleme in der Lebensphase und -lage Pflegeabhängigkeit und Sterben, in der Arbeitswelt und schließlich, deutlich knapper, mit Blick auf würderelevante Folgen von Armut und Reichtum darzustellen, sind durch mein eigenes Sachinteresse, aber mehr noch durch die Forschungssituation bedingt. Es steht genügend oder sogar schon unübersehbar viel empirisches Material und Deutungswissen zur Verfügung, auf das sich zurückgreifen lässt. Darüber hinaus gibt es auch entwickelte und soziologisch interessante Ansätze, auf Würdeerhalt und -mehrung intensiv und häufig institutionalisiert einzuwirken, wobei sich dafür die Begriffe Würdearbeit, Würdeförderung, Würdemanagement und Würdetherapie etabliert haben. Gern hätte ich, um einer alten persönlichen Bindung an Probleme von sozialer Abweichung zu folgen, auch Ausführungen über etwa wohnungslose Menschen, Drogenabhängige, Gewaltopfer, Prostituierte angeboten. Jedoch konnte ich hier nur vereinzelte Studien, jedoch nicht genügend Ideen und Befunde zu den in den jeweiligen Lebenswirklichkeiten auftretenden Würdekonflikten und -verlusten zur Kenntnis bekommen.

Mein Gang durch die ausgewählten Problemfelder der Würde setzt versuchsweise die Fragen um, die sich in der würdesoziologischen Bestandsaufnahme als bedeutsam erwiesen haben:

- Wie ist genau der aktuelle Status der Würdeproblematik?
- Gib es eine spezielle Würdekultur mit unterschiedlichen Diskursen, und wie hat sie sich entwickelt?

- Welche Deutungs- und Interessenkonflikte treten in den Blick?
- Woran erweist sich in der Sicht der Beobachtenden Würdebesitz im Einzelnen? Und was heißt im Netzwerk des Betroffenseins würdig und würdelos, geachtet und verachtet?
- Wie groß ist die Diskrepanz zwischen Würdeansprüchen und ihrer Realisierung; oder wie verbreitet und abgesichert sind Achtung und Autonomie?
- Welche Förderungs-, Verhinderungs- und Verschwindensbedingungen lassen sich erkennen?
- Wie vollzieht sich typischerweise der Prozess, in welchem sich Würde trotz des subjektiven Widerstands vermindert, ent- und zurückzieht, auflöst?
- Welche Ansätze von präventiver und intervenierender Einflussnahme haben sich inzwischen entwickelt, und was wissen wir inzwischen schon über ihre Effekte?

13 Würde und Würdeverfall in biografischen Grenzsituationen: schwerkrank, pflegeabhängig, sterbend sein

Dass in problematischen Lebenssituationen mit bedrohlicher Abhängigkeit unsere Würde rasch in Gefahr gerät, gehört zu den Erfahrungen, die wir unvermeidlich irgendwann einmal machen. Das eine Mal selbst betroffen, das andere Mal nur beobachtend und begleitend oder gar Produzentin der Verletzung. Achtung und Autonomie zu behalten oder wiederzugewinnen, wird im schweren Kranksein ausgesprochen schwierig, weil wir selbst in Zustände von Desorientiertheit gelangen können, sich Gelassenheit und Ruhe auflösen, Körper- und Handlungskontrolle schwinden. Als in hohe Verletzlichkeit geraten, sind wir nun vielerlei Entwürdigungsrisiken ausgesetzt. Der Würdestress von Patientinnen und Klientinnen in Form etwa des Entzugs von Intimität, Zeit und Information ist aber gleichermaßen oder mehr durch Merkmale der Institutionen, mit denen sie in ungleichem Kontakt sind, Merkmale der Bezugspersonen, Besonderheiten der institutionstypischen Interaktion, schließlich Strukturmerkmale des Gesundheitssystems mit den sozial äußerst ungleich verteilten Nutzungschancen allgemein geprägt; denn hier findet er Ausdruck und Verarbeitung. Hier drohen Herabsetzung, Verlust von Souveränität und Echtheit von Handlungs- und Fühlensalternativen. Die Normalität des Erlebens von „Grenzverlustswürde" durch die feste Übernahme einer Behandeltenrolle im Gesundheitssystem muss ich hier nicht dokumentieren. Heranziehen ließe sich die Menge der Todesfälle in einer Gesellschaft und der lebensbedrohlichen Erkrankungen, der Klinikaufenthalte, des Lebens in Pflegeeinrichtungen und ähnlicher Statusveränderungen mehr, aber auch die Zahl der Krankenhäuser, Heime, Gesundheitsversorger.

Auf der kulturellen Ebene zeigt sich die hohe Bedeutung der Würde in existentiellen Situationen durch ihre zumeist vorrangige Benennung als Leitwert in den ethischen Programmen der einschlägigen Gremien, Kommissionen und sozialen Initiativen, aber auch in unzähligen Klinikleitbildern und Ethikkodizes. Und auch in praxisbezogene Handlungsregeln für Pflege und Versorgung hat sie inzwischen allerorten Eingang gefunden.

Ein gutes Aktualitätsbeispiel bietet die Festschreibung von Würde in der einflussreichen „Responsiveness"-Strategie der WHO. „Responsiveness" umschreibt die Güte der Empfänglichkeit, mit der das Gesundheitssystem auch die nicht direkt zur Gesundheitsversorgung gehörenden legitimen Bedürfnisse der Mitglieder zu berücksichtigen vermag. Dazu zählen im WHO-Verständnis (Darby u. a. o. J.) neben etwa sozialer Unterstützung, freier Arzt- oder Behandlerinnenwahl, und dem vertraulichen Umgang mit Informationen an erster Stelle Würde und Autonomie. Würde ist gesundheitspolitisch folgendermaßen definiert

- Personen werden in der jeweiligen Gesundheitseinrichtung mit Kontaktbeginn und dann fortwährend respektvoll behandelt
- Ihre Angelegenheiten werden ernst genommen
- Untersuchung und Behandlung beachten individuelle Privatheitsgrenzen
- Die Rechte von Personen mit übertragbaren Krankheiten sind mit besonderer Sorgfalt zu beachten, um Würdeverletzungen auszuschließen

Die von Würde analytisch getrennte Autonomie umfasst unter anderem die Information und Entscheidung über alternative Heilmethoden, die Ermutigung zur Kritik und unter der Bedingung hinreichender intellektueller Klarheit das Recht, Behandlungsmöglichkeiten abzulehnen und auch grundsätzlich zu verweigern. Für die laufende Erhebung von Haushalts- Daten zur Messung der Gesundheitsqualität wird Würde ganz praktisch in die Fragen umgesetzt, wie häufig der Kontakt mit den Gesundheitsversorgenden selbst und dem Verwaltungspersonal in den zurückliegenden 6 Monaten respektvoll verlaufen ist und wie häufig in den erfahrenen Behandlungen die persönlichen Intimitätsnormen gewahrt wurden (niemals, manchmal, für gewöhnlich, immer). Thema ist also die Realität des bloßen Zugangs zum Gesundheitssystem und die Möglichkeit des Sich-Darin-Bewegens, nicht die Situation des schweren Krankseins. Nicht überraschen wird, dass die Bewertungen von exemplarisch Befragten durchweg ein mittleres Maß von Würdearmut anzeigen.

Als höchst plausibel dürfen wir annehmen, dass die gesellschaftliche Ungleichheit von Gesundheitsstatus und Gesundheitskarriere sich auch auf die Chancen von Würdeaktualisierung und -bewahrung auswirkt. Wenn Personen mit relativ niedrigem Einkommen, Bildungsniveau und Berufsstatus häufiger und schwerer erkranken und früher an relativ schlecht ausgestatteten institutionellen Orten sterben müssen, wird das auch zu sozial ungleicher Würdigung von Achtung und Autonomie führen. Und für die ungleiche Verteilung des Krankheits-

und Sterbegeschehens werden wissenschaftlich Faktoren verantwortlich gemacht, welche auch Würdeverlust begünstigen: ein niedriges Maß sozialer Integration, die je erlebten Arbeitsbedingungen (objektive Belastungen und Gefährdungen, geringe Gratifikationen), die Wohnverhältnisse, das gesundheitsrelevante Verhalten der mit unterschiedlichem Gesundheitswissen und unterschiedlicher Selbstsorgekompetenz ausgestatteten einzelnen Personen und schließlich die Auswirkungen gesundheitlicher Einschränkungen in Form von Einkommens- und Statusverlusten.

Als Thema kultureller Bearbeitung ist der für Schwerkranke, kognitiv Beeinträchtigte und Sterbende sicher zu erwartende Würde- bzw. Entwürdigungsschock ohnehin seit langem populär. Hier gibt es ganz viele eindringliche Schilderungen in Zeitschriften, schöngeistiger Literatur, Fernsehdokumentationen und Filmen; Schilderungen aus dem Alltag des Krankseins oder existentiellen Konfliktsituationen, Schilderungen von Opfern, Betroffenen, Tätern, Kreativen, Erzählerinnen. Meine eigenen, ganz willkürlichen Tipps für die berührende Bearbeitung des Elends mit der verlorengehenden Würde sind hier Arno Geigers Buch über den demenzkranken Vater, Peter Esterhazys Aufzeichnungen über seine Beziehung zum tödlichen Bauchspeicheldrüsenkrebs (2017), Anne Boyers (2021) Manifest über den gesellschaftlichen Umgang mit Krebserkrankungen, die Filme „The Father" mit Anthony Hopkins und „Amour" von Michael Haneke.

Zu erwähnen bleibt noch das „handwerklich" natürlich hier Wichtigste. Zu den Bedingungen und Abläufen negativer Würdetransformation gibt es eine Fülle zumeist gesundheits- und pflegewissenschaftlicher Studien und Untersuchungen, welche die Bedrängnis der Würde und ihr häufiges Verschwinden bis hin zu einer anthropologischen Restwürde belegen und – praktisch interessiert – Wege des Würdeerhalts entwerfen. Nicht selten greifen sie auf soziologische Konzepte zurück. Andererseits wehren sie sich als grundsätzlich Bejahende von institutioneller Pflege und Sorge angestrengt gegen die vermeintliche Diskreditierung ihres Gegenstands als von totalen Institutionen geprägt, Gewalt einsetzend und erzeugend und im strukturellen Dauernotstand befindlich. Hier wird die Diskrepanz zwischen Würdelegitimation und -realisierung als Handlungshintergrund meist offenkundig.

13.1 In Würde sterben

Die Entdeckung des würdigen Sterbens als ethische und auch empirische Frage in den letzten Jahrzehnten hat sich auf dem Hintergrund von umfassenden und tiefgreifenden Wandlungen des individuellen Lebensendes vollzogen. Sterben im

Wohlfahrtsstaat ereignet sich nämlich vergleichsweise spät, wird selten nur in der engeren Gemeinschaft erlebt und ist, je nach Definition, von immer längerer Dauer, mitunter eine ganze Lebensphase.

Mitverursacherin und auch Antwort auf die Sterberevolution mit Medikalisierung und Ökonomisierung als Begleitprozessen sind die Institutionen der Schmerz- und Abhängigkeitsversorgung, in denen sich Sterben zum größten Teil vollzieht. Darum wird auch zu Recht von Institutionalisierung des Sterbens gesprochen. Zum spätmodernen Wandel in der Bearbeitung von Tod und Sterben gehört aber weit mehr als nur die Entstehung von sozialen Sterbenden-Rollen und Sterbeinstitutionen. Es vollzieht sich auch insofern Institutionalisierung, als die Gesellschaftsmitglieder „über ein gesellschaftlich etabliertes Wissen verfügen, dass sie in ihrem Umgang mit dem eigenen Tod und mit dem Tod anderer leitet" (Knoblauch und Zingerle 2005, 23). Es geht im Einzelnen um eine die traditionelle Verdrängung überwindende Aufwertung von Tod und Sterben in Form von Subjektivierung, Positivierung, Privatisierung und Psychologisierung. Auch eine Popularisierung, sichtbar in allerlei Lehren zur ars moriendi, gehört dazu. Es soll nun individuell nicht mehr verdrängt, sondern thematisiert und bejaht werden.

Die neu entstandene Welt und Lebensweise des organisierten Sterbens hat aber bald schon, nahezu gleichzeitig mit der politischen Durchsetzung von Menschenrechten und Menschenwürde eine Vielzahl von Bemühungen um die Humanisierung des Sterbens hervorgebracht. Angeregt und begünstigt durch die Etablierung der Palliativmedizin und, soziologisch natürlich interessanter, durch die weltweit verbreiteten sozialen Bewegungen der Sterbebegleitung und Sterbehilfe, öffentlich sichtbar vor allem durch die Gründung von Hospizen als besonderen Sterbeorten. Würde wird unter den Bedingungen des modernen Sterbens zu einem drängenden Problem, weil all das, was für ihren Erhalt gebraucht wird, Unabhängigkeit, Kontrolle, Kraft, Darstellungskompetenz, Sensibilität, Authentizität von Schwund und Verlust bedroht sind.

Der Wandel von Sterbebedingungen und Sterbebewusstsein, der den Fragen von Würde und Würdeverlust am Lebensende einen hohen Wert verleiht, hat natürlich auch die nur selten betriebene Thanatosoziologie (für Deutschland Feldmann 2004; Knoblauch und Zingerle 2005) analytisch herausgefordert. So beschreibt Klaus Feldmann die Modernisierung des Sterbens als Netzwerkbildung mit verschiedensten sozialen Rollen. Zu diesen gehören (289) die

- „Rolle des (physisch und psychisch) Sterbenden...
- Rolle des (sozial) Sterbenden und evtl. Auferstehenden
- Rolle des Trauernden
- Rolle des mit Sterbenden oder Trauernden Kommunizierenden

- Rolle des professionellen Sterbeberaters und Sterbeverwalters...
- Rolle des Lebensretters, Kämpfers gegen den Tod...
- Rolle des geistig-kulturellen Todes- und Totenverwalters...
- Rolle des Nachfolgers oder Stellvertreters in einer Position"

Für den soziologischen Problemzugang ist auch die Unterscheidung von physischer, psychischer und sozialer Dimension des Sterbens bis hin zu deren Sicht als eigener Sterbensform konstitutiv. Wenn Sterben nicht nur über Krankheit und Schmerz oder Bewusstseinsverlust und Todeswunsch, sondern auch als sozialer Prozess mit Abstieg, Rollenverlust und Marginalisierung definiert wird, treten die soziokulturellen Zusammenhänge in den Blick, lösen sich Grenzen auf und wird Sterben zu einem zutiefst sozialen Phänomen (22 ff.). Und, um endlich wieder auf Würde zurückzukommen, für Würdeansprüche,-bedrohungen und -verluste ergeben sich neue Fragestellungen oder wenigstens andere Akzentuierungen.

Heranziehen lässt sich als noch einziges soziologisches Beispiel ein Beitrag der Siegener Forscherin Irene Woll- Schumacher (1984). Sie begreift Würde im Sterben als etwas in sozialer Interaktion lebenslang Erworbenes und Erhaltenes, das nun Krisensituationen ausgesetzt ist, in welchen Unverletzlichkeit und Mündigkeit beeinträchtigt oder nicht mehr verfügbar sind. Auch Sterbenswürde zu erhalten, entscheidet sich in normgeleitetem Rollenhandeln und bedeutet für die Beteiligten, ihre Sinnkonstruktionen und Moralverständnisse zu verwirklichen (915). Dass heute über den würdevollen Tod gesprochen werden muss, verweist für Woll-Schumacher auf problematische Entwicklungen wie Entpersönlichung und Entwürdigung. Sterben aber braucht die Bewahrung der Fähigkeit, dem Leben deutenden Sinn zukommen zu lassen, um das Lebensende „zustimmend zu bewältigen" (922). Und Würde ist auf soziale Geborgenheit angewiesen.

13.2 Würde als Bedingung guten Sterbens

Die neue öffentliche Problematisierung der inneren und äußeren Sterbebedingungen schlägt sich in ethischen Programmen zum guten Sterben – mitunter durch Befragungen über individuelle Sterbeideale und ihre Verbreitung gestützt - nieder. Werden Wünsche und Hoffnungen empirisch erhoben (Pleschberger 2005, 141 ff.), scheint es große Übereinstimmung darüber zu geben, „zur rechten Zeit", das heißt, auch früh genug, um Pflegebedürftigkeit zu vermeiden, aber dennoch Verabschiedung vom Leben ermöglichend, im Beisein vertrauter Menschen, bis zuletzt aktiv und schmerzfrei zu sterben. Das Ganze soll sich formell autonom vollziehen – Patientenverfügung und anderes bildet den Entscheidungsrahmen.

Mehr und mehr scheint auch zum gesellschaftlichen Anspruch zu werden, der eigene Wille nun sterben zu dürfen, möge angemessen berücksichtigt werden.

Der weithin bekannte Pflegewissenschaftler Klie (1998) nennt drei orientierende Merkmale des guten Sterbens: Der Subjektstatus des betroffenen Menschen bleibt erhalten, fällt nicht der faktischen Degradierung zum Versorgungsobjekt zum Opfer; es bleibt ein Minimum von sozialer Begegnung und Teilhabe erhalten; es bestehen auch die Ansprüche auf Individualität, Freiheit und Privatheit fort.

Schon näher an der Würdefrage bestimmen Mack und Clinton gutes Sterben durch Schmerzfreiheit, Weiterverfügung über Kontrolle und Autonomie und die eigene Wahl des Sterbeortes (1999). In den Vorstellungen vom idealen Sterben hat Würde mit ihren Elementen Autonomie, Individualität und Authentizität, Wahrung von Grenzen, Erhalt von Respekt und Wertschätzung schon einen hohen Stellenwert. Genauere Standards, an denen sich das Vorhandensein von Sterbewürde prüfen ließe, finden sich in praxisorientierten Modellen von Patientenwürde für die Gesundheitsversorgenden (Deutsche Gesellschaft für Patientenwürde 2021.). Auf der Personenebene kommt es hier darauf an, sich im Besitz von Kontrollmöglichkeiten zu sehen, auf Selbstkontinuität, Aufrechterhaltung einzelner sozialer Rollen, Resilienz und den Glauben, etwas Bleibendes zu hinterlassen. In der Interaktion sind respektvolle Behandlung, Achtung der Privatsphäre, sozialer Rückhalt das Positive; Sorgen um den Tod, die Hinterbliebenen, die Furcht vor dem zur Last-Fallen das zu Befürchtende.

Die Ideen und Bedürfnisse zum guten und speziell zum würdevollen Sterben sind das eine, die Normalität von Würdegefährdung und Würdeschwund zum Lebensende das andere. Es sind die Kritikerinnen des Gesundheitssystems mit ihren Stellungnahmen, die Sterbefälle engagiert Beobachtenden und Begleitenden mit einzelnen Fallgeschichten, die unter ihrem würdeschädigenden Tun leidenden medizinisch Tätigen, die mit ihren Würdekarrieren zu Wort kommenden Schwerkranken selbst, die erfahrungsgestützt feststellen, dass Entwürdigung im Sterbeprozess nahezu zwangsläufig droht und sich die soziale Würde der Patientinnen häufig auf einen Rest von „heiliger" Menschenwürde reduziert.

Ich möchte jetzt noch ein Analyseschema für den soziologischen Gebrauch vorschlagen, welches den unterschiedlichen Ausgangspunkten und Anlässen für Würdestress und Würdekrisen im Sterbeprozess Rechnung trägt. Entwürdigung kann sich mindestens

- Statusorientiert: Eigenständigkeitsverlust, reduzierte Würdigung von Lebensleistung und Verdiensten, Abhängigkeit, Unterordnung, Rollenverlust

- Kommunikationsorientiert: Ignorierung, Einseitigkeit im Sprechkontakt, Missachtung, Kränkung, Objektivierung, Verschweigen der Wahrheit
- Körperorientiert: Verletzlichkeit, Missachtung von Intimitätswünschen, Grobheit der Berührungen, unnötige Schmerzzufügung
- Emotionsorientiert: Schwächung durch Trauer, Verzweiflung, Hoffnungslosigkeit, Einsamkeit, Angst, Schuld, Körperscham
- Raumorientiert: Eingeschlossenheit, Enge, Desorientierung, Missachtung ästhetischer Normen, Entpersönlichung
- Zeitorientiert: Würdeschwund mit Übernahme und/oder Zuweisung einer Sterbendenrolle beginnend, mit fortgeschrittenem Sterben beschleunigt und normalisiert
- Kontrollorientiert: Autonomie mindernde Regeln und Ordnungen, Isolierung, Zugangsverbote, Verlust des Anspruchs auf selbstbestimmtes Alleinsein

ausdrücken und ist auf die auf diesen Ebenen als in Handeln und Empfinden beobachtbaren Manifestationen hin zu prüfen.

Über die Anfänge von Entwürdigungsprozessen hinaus lässt sich auch nach den subjektiven und sozialen Determinanten des würdigen Sterbens fragen. Übergreifend bedeutsam sind hier auf der Ebene des Selbst die individuelle Arbeit der Selbstwürdigung und -anerkennung; auf der Interaktionsebene die Kombination von Würdestützung und -beschädigung seitens der professionellen Gegenüber und der Würdeschutz durch begleitende und helfende Angehörige, Freunde und Fürsprecherinnen; kulturell die genannten normativen Muster von würdigem Sterben bis hin zur Bestimmung von Mindestbedingungen – was und wie viel von der jeweiligen Würde muss erhalten bleiben –; sozialstrukturell die Art und Weise, in welcher das Sterben der Gesellschaftsmitglieder mit allen Abhängigkeiten und Zuwendungen, Einschränkungen und verbleibenden Freiheiten organisiert ist, vom palliativmedizinischen Dienst bis zum Versorgungssystem insgesamt.

13.3 Ansätze zur Arbeit an der Würde des Sterbens

Das offenkundige Spannungsverhältnis zwischen der Realität der Würdeeinbuße in Sterbeinstitutionen und -situationen und der öffentlichen Bewertung von Würde als dem Lebensende unbedingt zugehörig hat in den letzten Jahrzehnten eine beachtliche Vielfalt von Ideen und Initiativen zur Problembewältigung hervorgebracht. In diesen geht es programmatisch oder praktisch um die Verbesserung der sozialen Umgebung der Sterbenden – der Orte, an denen gestorben wird und ihrer Ausstattung, der persönlichen und professionellen Beziehungen, die verfügbar sind und eingegangen werden können; um palliativmedizinische Fähigkeiten, den Leidenden Mindesträume für Selbsterfahrung und Selbstbestimmung zu bewahren; um therapeutische Bemühungen um Entwicklung und Stabilisierung individueller Selbstachtung; und schließlich um das Recht der im Sterben befindlichen Menschen, ihr Lebensende zeitlich selbst zu bestimmen und dafür aktive oder passive Sterbehilfe in Anspruch zu nehmen.

Manche der verschiedenen Dignitisierungs-Ansätze ergänzen oder überschneiden sich, bauen aufeinander auf und vollziehen sich abgestimmt, andere dagegen stehen in vollständigem Gegensatz zueinander. Einen offenen Deutungs- und Handlungskonflikt verkörpern in Deutschland wie weltweit die Hospizbewegung auf der einen, die mehr und mehr aus der Randstellung als radikale Freitodagentur heraustretende Kampagne für Sterben in Würde, andererseits. Beide Initiativen erheben den Ruf nach Würdebewahrung gerade auch im Sterben, die organisierte Sterbehilfe sogar als Definition und Legitimation ihrer Tätigkeit. Die eine tritt für Schmerzlinderung, psycho-soziale Unterstützung, spirituelle Begleitung ein; die andere vorrangig für die Autonomie, zum als subjektive Überlastung empfundenen, unterschiedlich befristeten, Weiterleben Nein zu sagen. Für die in vielen nationalen Verbänden aktive Sterbehilfebewegung – in Deutschland die Gesellschaft für Humanes Sterben mit ca. 25000 Mitgliedern – sind ein würdiges Sterben bis zuletzt und die selbstbestimmte Entscheidung über seinen Zeitpunkt, bei noch hinreichendem oder rechtzeitig niedergelegtem Besitz von Reflexionskompetenz, offenbar kein zwingender Widerspruch. Die mit der Gründung vieler Hospize als spezieller Orte humanen Sterbens und dem Gewinn einer ständig nachwachsenden Heerschar qualifizierter, zumeist weiblicher Freiwilliger als engagierte Sterbebegleiterinnen inzwischen in eine alternative Institutionalisierung des würdigen Sterbens transformierte Hospizbewegung (Schneider 2005) erkennt dagegen, voller Vertrauen auf den tiefen Wunsch der Sterbenden nach natürlichem Loslassen, eine klare Unvereinbarkeit.

Sterbebegleitung und -hilfe unternehmen auf der Ebene von Gesetzgebung, Ressourcenbeschaffung und Öffentlichkeitsarbeit mit zunehmendem Erfolg das eine oder andere, um die Rahmenbedingungen des Sterbealltags positiv zu beeinflussen. Mögen sie als politik- und organisationssoziologisches Thema auch gewichtig sein, so liegt mir selbst doch mehr daran, noch auf ein populär gewordenes Konzept einzugehen, das sich auf den sterbenden Menschen selbst und seine inneren Verhältnisse bezieht. Würdesoziologisch ist es darstellenswert, weil es ein sehr ausgefeiltes Verständnis davon besitzt, was Würde im Sterben ausmacht und sichert, wie auch von dem, was Sterben potentiell unwürdig

13.3 Ansätze zur Arbeit an der Würde des Sterbens

werden lässt. Weil es schon vielfach eingesetzt, institutionell etabliert und positiv evaluiert wurde. Und auch weil die Fälle von gezielter Arbeit an sozialem Würdebewusstsein und Würdeschutz noch ganz selten sind.

Die hier gemeinte würdezentrierte Therapie ist eine Schöpfung des kanadischen Psychiaters Harvey M. Chochinov (2002, 2017). Als angeleitete systematische Auseinandersetzung mit dem Sterben tritt sie neben traditionelle Haltgebungen wie Auferstehungsgläubigkeit, Ideen vom sozialen Weiterleben und familiäre Geborgenheit.

Würde im Sterben ist Chochinov zufolge durch die von körperlichen und psychischen Krankheitssymptomen erzeugte Belastung, die Angst vor dem Tod, den Mangel an sozialer Unterstützung und die Erfahrung, nicht mehr wertgeschätzt oder nur formell respektiert zu sein, vom Verfall bedroht. Dieser Stress schlägt sich in Gefühlen von Kontrollverlust, der Unsicherheit über den Krankheitsverlauf, des Rollenschwunds, ungewollter Selbst- und Fremdwahrnehmung – anderen nur noch Bürde sein -, des Verlustes von Lebenssinn und Sorgen über Ungeregeltes nieder. Die Bewahrung der Würde hingegen besteht in der Kontinuität des Selbst, in Rollenerhalt, Aufrechterhaltung von Autonomie, Aufbau von Generativität, Gefühlen von Stolz und Hoffnung, Akzeptanz des Endes, aber auch nötigem Widerstandsgeist. Das Alles auch auf das Leben im Hier und Jetzt konzentriert (2002).

Es sei noch etwas zur Methode selbst gesagt. Sie ist naheliegenderweise kurzzeitorientiert, eine Art biografisches Interview, positiv selektiv, d. h. auf die Aktualisierung guter Erinnerungen angelegt, in Sachen Würde konservierungsorientiert, schließlich dokumentarisch, in dem sie aus Gesprächsverläufen ein Zeugnis für die Nachwelt herstellt, welches über persönliche Erinnerungen und Grabpflege hinaus bleiben soll.

Wie sich die Ideen der würdezentrierten Therapie als sozusagen zeitgemäß auf Krankheitsbehandlung schlechthin ausgedehnt haben, bekunden die Aufforderungen der Deutschen Gesellschaft für Patientenwürde (2021). Sie legt allen Gesundheitsversorgenden Folgendes nahe: „Unterstreichen Sie den Wert des Menschen", „Betrachten Sie die Menschen losgelöst von ihrer Erkrankung", „Tragen Sie dazu bei, dass die Patientinnnen und Patienten ein Gefühl der Kontrolle und Unabhängigkeit bewahren".

13.4 Pflegewürde als Problem

Institutionalisierte Pflege als in der alternden Gesellschaft stark anwachsende Lebensbedingung ist natürlich mit dem Sterben zeitlich und durch ihre instrumentelle Funktion eng verbunden. Was Würde und Entwürdigung anbelangt, stellt sie aber einen eigenständigen Entstehungsbereich dar. Pflegewürde besitzt ihre eigenen Gründe und Folgeprobleme, hat einen eigenen pluralisierten Diskurs hervorgebracht und spezielle Veränderungsaktivitäten ausgelöst.

In der öffentlichen Anerkennung und populärwissenschaftlichen Dokumentation der Pflegekrise werden Würdefragen meist hinter ökonomischen, strukturbedingten und kommerzialisierungskritischen Aspekten nur mitbedacht. Tatsächlich scheint es ja auch klar zu sein, dass die Würde unter den vorherrschenden Missständen keine echte Überlebenschance hat. Auf der Ebene der mit Altenpflege befassten Organisationen jedoch besitzt Würde dennoch und gerade deswegen einen ganz hohen Stellenwert. Einmal als ein durch die Daseinsumstände ständig auftretendes Problem, andererseits aber als Zentrum ethischer Orientierung. Würdebewahrung ist offenbar in der Realität das, was die gute Pflege ausmacht – sowohl für die Bedürftigen als auch für die professionell Pflegenden selbst. Die ethischen Programme der Pflegeheime und -dienste nehmen das längst auf und erweisen der Würde stets gebührende Referenz.

Elemente der Pflegewürde

Was lässt Pflegeabhängigkeit von Menschen zu einer solch großen Gefährdung der Würde werden, dass sich schon von Entwürdigungsfalle sprechen lässt? Für diese Bewertung entscheidend ist, so meine ich, die normative Basis, die Festschreibung und Formalisierung unumgänglicher, unter allen Lebensbedingungen fortgeltender Ansprüche. Aber worauf begründet sich die Diskrepanz zwischen Zuerkanntem und in der Realität Beobachtbarem? Für die Pflegewürde unterminierend sind die folgenden Gegebenheiten:

- Körperliche Beeinträchtigungen mit negativen Folgen für Handlungs- und Kommunikationsfähigkeit, Wahrnehmungs- und Bewertungskompetenzen
- Mangel an Raum, Betreuungs- und Pflegezeit, sozialem Kontakt, Möglichkeiten sinnhaften Tuns, kleinen und großen Freuden
- Unterlegenheit in punkto Wissen und Informationsstand über unsere Lage
- Verfügung über ein relativ niedriges ökonomisches und kulturelles Kapital. Mit dem sich ja die Form des Lebens in Pflegeeinrichtungen mit günstigen Folgen für den Würdigungsverlauf erheblich beeinflussen lässt

13.4 Pflegewürde als Problem

- Entwürdigende Begegnungen und Behandlungen im Pflegealltag, die auch die Bezugspersonen in Würdekonflikte stürzen können
- Vertiefung meiner Selbstbezogenheit, Erhöhung des Anspruchsniveaus, Bewusstheit meiner Abhängigkeit und Verwundbarkeit

Einige Verständnisse davon, was Pflegewürde im Einzelnen bedeutet, seien kurz referiert. Andreas Kruse (2020, 145) erkennt als für das Erleben von Würde maßgeblich, als die Person, die man ist und zukünftig sein möchte und als integriertes Gesellschaftsmitglied angesprochen und einbezogen zu sein. Schmitt und andere (2020) machen Würde in der Pflege differenzierter daran fest, dass die Klientinnen ernst genommen, nicht in stigmatisierender Weise, sondern als einzigartige Person „zivilisiert" behandelt werden. Wieweit das gelingt, ist davon abhängig, ob sich die „Gepflegten" ein positives Identitätsgefühl erhalten, Momente wenigstens der Autonomie erfahren, mit anderen in Beziehung stehen und am Alltagsleben teilnehmen können. Die Autoren halten dieses Würdeverständnis übrigens nach kritischer Sichtung der Forschung für normativ überfordernd und plädieren für einen „nicht-idealen" Ansatz, dem es aber wichtig bleibt, dass Würdeverletzungen vermieden werden und Würdeerhalt weniger Ziel als ständige Anstrengung sein soll. Sie machen auch auf die hinderliche Gegensätzlichkeit von Pflegenormen und auf organisatorische Spannungen aufmerksam, mit denen der Würde Grenzen gesetzt sind.

Eine interessante, forschungspraktisch motivierte Aufteilung von Würde im Pflegekontext in diese selbst, Autonomie und Selbstbestimmung nimmt ein aktuelles, vom deutschen Bundesministerium für Gesundheit gefördertes Forschungsprojekt vor (Selbstbestimmtes Leben im Pflegeheim 2021). Aus explizit soziologischer Perspektive wird Würde als in sozialen Situationen und sozialem Handeln durch die Erfahrung von Zuschreibungen hergestellt und durch diverse Ab-, Anerkennungs- und Umsetzungskonflikte geprägt gesehen. Autonomie bezeichnet die, noch vorhandenen Fähigkeiten, den eigenen Willen umzusetzen. Selbstbestimmung gilt dagegen als der beobachtbare Ausdruck von hergestellter Entscheidungs- und Handlungsautonomie im Rahmen von Machtbeziehungen, Herrschaftsverhältnissen und institutionell-organisatorischer Bedingungen (91). Sie ist das, wo im Sinne des Projekts soziologische Heimforschung ansetzen kann, die nicht so sehr das um Würdebewahrung kämpfende Subjekt als die hemmenden organisatorischen Bedingungen und Regeln und das Kollektiv der in der Institution abhängig Lebenden und der Versorgenden in seiner Struktur untersucht.

Um einiges konkreter wird Pflegewürde in der praxisorientierten Literatur verankert oder erforscht. So bedeutet für Lydia Immenroth und Stephan Marks (2014, 94) eine menschenwürdige Pflegebeziehung, „auf Hilfe angewiesene Menschen anzuerkennen, zu schützen, ihnen Zugehörigkeit zu vermitteln und ihre Integrität zu wahren". Würde zu gewähren, heißt nun, die angenommenen Grundbedürfnisse nach Anerkennung, Schutz, Zugehörigkeit, Integrität zu erfüllen zu versuchen und auch den Umgang mit Sexualität würdevoll zu gestalten (94 ff.). Diese Bedürfnisse gelten gleichermaßen, wenngleich auf völlig anderem Hintergrund, für Gepflegte und für ein würdiges Pflegeklima verantwortliche Pflegefachkräfte.

Die Pflegeabhängigen selbst verfügen in der Regel, wie Sabine Pleschberger (2005) aus narrativen Interviews mit Heimbewohnerinnen herausarbeitet, über eine durchaus eigene Würdekonzeption Und diese geht über die Deklaration des Personseins hinaus, verbindet sich mit dem Wunsch, in den institutionellen Beziehungen erworben und bestätigt zu werden. Legitimierend wird auf zwei ganz konträre Formen der Würdigung verwiesen: Würde, die aus dem im Lebenslauf Erreichten und Geleisteten erwächst – „wegen des Alters" – und eine andere, die darauf abzielt, sich anzupassen, Belastungen für andere zu vermeiden, nicht zur Last zu fallen – „trotz des Alters" (217). Das ist aber eine äußerst labile Form des Widerstands und der Würdebehauptung.

Würde und Demenz – eine besondere Beziehung
Die Bestimmung der Würde durch das Maß an beanspruchter und wahrgenommener Autonomie und Achtung wirft für Pflege(heim)forschung und -praxis insofern große Probleme auf, als sie in einem erheblichen Teil auf Menschen bezogen ist, deren kognitive Fähigkeiten stark beeinträchtigt sind – bis hin zur Einstufung als demenzkrank. Es erscheint analytisch wie sowieso ethisch sinnvoll, für Beziehungswirklichkeiten, in denen auf der einen Seite Personen ohne noch erkennbares Bewusstsein von würdig und würdelos stehen, ein eigenes Würdekonzept einzuführen. In ihm sind Selbstachtungs-, Einfühlungs- und Erwiderungskompetenz ganz ohne Belang und muss sich Würde auf den fortbestehenden Rechtsstatus als respektbedürftige Lebewesen stützen. Es geht also um eine bedingungslose Würdezuerkennungsstrategie. Jedoch muss aus der inhärenten Würde eine im Alltag zu lebende „Als-Ob- Würdigung" werden. Wie Werren (2017) es schön ausdrückt, um die „Autonomie des Augenblicks". Für Menschen mit Demenz heißt das, sie besitzen, ob zuhause oder in Institutionen, einen nicht hinterfragbaren Anspruch auf im Rahmen des Möglichen menschenwürdige Behandlung, Autonomie, Begegnung und Beziehung, den Schutz des Lebens (Werren 2013, 119).

Für die praktische Aufrechterhaltung der Würde in und mit der Demenz sind allein und stellvertretend die privat und professionell Pflegenden verantwortlich, sie müssen erspüren und verteidigen, was an Selbstbestimmung möglich bleibt und wie sich diese interaktiv fördern lässt. Mit Blick auf behinderungspolitische Entwicklungen lässt sich dieses Engagement auch als spezielle, vom Grad der jeweilig vorliegenden Demenz bedingte Assistenzbeziehung beschreiben. In der Pflegerealität scheint der normative Konsens über situativ immer wieder herzustellende Selbstbestimmtheit jedoch noch kaum ungesetzt zu werden. Schon die verfügbaren empirischen Befunde zur Pflegescham allgemein (Gröning 2000; Marks 2010) lassen das erkennen. Noch deutlicher bzw. konkreter werden die Probleme des Selbstbestimmungsgebots in einer soziologischen Untersuchung in den Blick gebracht, in der L.Kotsch und R.Hitzler(2013) der Interaktionspraxis zwischen demenzkranken Menschen und professionellen Pflegekräften mustergültig nachgegangen sind. Selbstbestimmung der Patientinnen sehen sie dabei dann als gegeben an, „wenn deren (nach außen erkennbare) Wünschen, Anliegen bzw. Willensäußerungen Genüge getan wird – unabhängig davon, ob diese jeweiligen Selbstäußerungen „vernünftig" sind oder nicht" (51). Die Untersuchung, als teilnehmende Beobachtung, ergänzt um Interviews mit Pflegekräften, angelegt, gelangt überzeugend zu dem Ergebnis, dass sich die Autonomiegewährung und -förderung des Institutionspersonals darauf konzentriert, die dementen Bewohnerinnen von störenden Wünschen abzubringen und zum „passenden" Verhalten zu bewegen. Und dass bestenfalls die Illusion der Selbstbestimmung trickreich erzeugt wird. Kotsch und Hitzler geben in interessanter Weise selbst zu bedenken, ob sich Gefühle von Selbstbestimmung nicht dadurch vor allem bilden würden und sollten, dass demente Menschen meist bald wieder vergessenen Augenblicksimpulsen nachgeben dürfen und den dafür erforderlichen Raum erhalten.

Noch ein anderer wichtiger Aspekt verdient Beachtung: Eine würdevolle Pflege scheitert auch an den ständigen Würdeverletzungen, denen die Gesundheitsversorgenden selbst durch die Arbeitsumstände ausgesetzt sind (Adam-Paffrath 2014). Sie bewerten, wie die qualitativen Daten zeigen, ihre eigene Lage als durch Nicht-Anerkennung, Ohnmacht und Demütigung durch Reduktion auf die Verrichtungsebene bestimmt und vermissen die Ermöglichungsbedingungen würdevollen Pflegens ganz und gar. Es fehlt ihnen der nötige gesundheitspolitische und institutionelle Rahmen.

13.5 Förderung der Pflegewürde

Gefährdung und partielle Auflösung der Würde pflegeabhängiger Menschen haben inzwischen ein ethisch stark untermauertes spezielles Bemühen um die normative und praktische Förderung der Pflegewürde entstehen lassen. Repräsentativ für Deutschland dürfte dessen Stand in dem schon genannten Projekt „Selbstbestimmtes Leben im Pflegeheim – Die Würde des pflegebedürftigen Menschen in der letzten Lebensphase" (2021) dokumentiert sein. Im jetzt zugänglichen

Bericht (259 ff.) werden unterschiedlichste Anregungen und Maßnahmen zusammengetragen. Auf der Interaktionsebene sind etwa die Balance aus Fürsorge und Selbstbestimmung in der Beziehung, die Wahrung von individuellen und kollektiv geteilten Grenzen; auf der des Subjekts die Anerkennung aller im Heim Handelnden und die Herstellung von Würde und Selbstbestimmung als durchgängige Gestaltungsaufgabe, Verständnis für die Besonderheit von Pflegeeinrichtungen als Arbeitsort einerseits, Lebenswelt andererseits, die Selbstdefinition der Einrichtungsleitenden als „Personifizierung von gelebter Pflegeheimkultur" (260); auf der Ebene der Organisation Sensibilität für die Verwundbarkeit und Beziehungsabhängigkeit von Würde; auf der Ebene der Rahmenbedingungen hinreichende Sorge- und Pflegezeit, um würdeverletzende Situationen zu vermeiden, das Wichtigste. Als Königsweg aus dem Würdeschwund-Dilemma wird eine Pflegeethik skizziert, die sich statt sich weiterhin auf altersbedingte Defizite zu stützen, den mehrfach vulnerablen bedürftigen Menschen ins Zentrum rückt. Vermeidbar ist danach zumindest, so der Anspruch, eine „pathogene" Verletzbarkeit im Sinne des Missbrauchs der Pflegeabhängigen durch Institutionen und Bezugspersonen als Form sekundärer Viktimisierung. Soziale Einrichtungen haben, das ist die grundlegende Einsicht, die schöpferische Macht zur Würdepflege; sie muss nur wiederhergestellt werden.

Die schon mehrfach genannte Nora Jacobson rekonstruiert in ihren Forschungen 18 unterschiedliche Methoden, mit denen verletzte Würde in der Gesundheitsversorgung durch Schutz und Stärkung bewahrt wird oder es werden könnte (120 ff.). Würde blüht, sagt Jacobson, unter humanen Verhältnissen von Ruhe, Zeit, Freundlichkeit, Transparenz. Als Boden braucht sie aber eine Gesellschaft der Gerechtigkeit, das heißt, eine Zivilgesellschaft, die sichere Einkommen, angemessenes Wohnen und den Zugang zu anderen lebenswichtigen Gütern und Leistungen hervorbringt (150). Die identifizierten Techniken der Würdeförderung beziehen sich mal mehr auf die zu Versorgenden, mal auf die Professionellen selbst. Ihnen allen geht es letztlich um Sehen und Anerkennen der Humanität und Individualität der anderen.

Sie sind zwar anspruchsvoll konzipiert, aber durch subjektive Handlungen und Haltungen einsetzbar. Einige von ihnen will ich anführen:

- zur körperlichen Stärkung: advocacy und support
- zur Kräftigung des Selbst: u. a. courtesy, recognition, acceptance, enrichment, authenticity
- Für die individuelle Autonomie: empowerment
- Für die moralische Handlungsmacht: perseverance, transcendence, avoidance of resistance

13.5 Förderung der Pflegewürde

- Zur Statussicherung: wieder recognition und courtesy, leveling
- Zur Abpolsterung der Personalität: Anerkennung, Authentizität und Liebe

Würdeanspruch und Würdestress als Problem der Arbeitswelt

14.1 Thematisierungen und Problemzugänge

Die Bedeutsamkeit der Würde als zentrale Voraussetzung für „gute", das heißt etwa selbständige, sozial anerkannte und materiell belohnte, sinnstiftende und kreative Arbeit wird öffentlich und wissenschaftlich nicht annähernd so hochgeschätzt wie ihr Status in der Arena des existentiellen Grenzbereichs. Natürlich besteht Einigkeit über den Aufstieg der Würde auch zum festen kulturellen Bestandteil von Arbeitsplatz und Arbeitsgesellschaft und wird auch ihre Aktualität durch die an spätmoderne Arbeit gerichteten Ansprüche von Respektierung und Wertschätzung konstatiert. Als eigenständiges oder gar leitendes Konzept für Diskussion und Forschung über Arbeit und Arbeitende wird sie aber eher nicht wahrgenommen oder, falls doch, als zu anderen Fragestellungen zugehörig – Entfremdung, Anomie, Humanisierung der Arbeitswelt, Arbeitsklima u. a. -, die das Spannungsverhältnis von Subjekt und Arbeit behandeln, betrachtet.

Hin und wieder nur wurde die Würde als Leitidee für eine kritische Theorie der Arbeit ausgewählt, die dann aber Postulat bleibt und nicht zum speziellen Gegenstand wird. In der deutschen Sozialwissenschaft geschieht dies beispielhaft bei Oskar Negt, einem Kernmitglied der Frankfurter Schule, (2020, zuerst 2001), dem Würde als unerlässliche Bedingung für humane Arbeit gilt, nicht jedoch als Objekt eigenständiger Analyse. Sieht man einmal ab von einer kleinen ideengeschichtlichen Skizze (500 ff.). Das Würdedilemma – hier der anerkannte Wunsch und Anspruch nach autonomem und geachtetem beruflichen Tätigsein, dort die offenkundige Abhängigkeit, Kontrolle, Geringschätzung und Ungleichverteilung von Arbeit – wird häufig gesehen, nicht aber zum Motiv für die Bildung von Würdetheorie und Durchführung von Würdeanalyse.

Diese Zurückhaltung in der Würdebetrachtung erscheint angesichts der an spätmoderne Arbeit gerichteten subjektiven Ansprüche und politischen Postulaten – sie möge selbstbestimmt, sinnhaft und sinnbildend, kreativ sein und angemessen auch emotional belohnt werden, Respekt und Wertschätzung erbringen – schon überraschend. Lässt sich doch schon im ersten soziologischen Blick auf Arbeitswürde eine Ansammlung vielfältiger Probleme erkennen. Der Kampf um Würde vollzieht sich hier etwa als Anerkennungsproblem, Ungleichheitsproblem, d. h. die Ungleichverteilung „würdehaltiger" Arbeitsplätze, Partizipationsproblem, Entwürdigungsproblem (Mobbing, „Burn out" u. a.), Ausbeutungsproblem, Prekarisierungsproblem, Handlungsmachtproblem, Wohlbefindensproblem. Alle Erkundung macht schon deutlich, dass sich nicht nur die individuelle Würdebiografie stark verändert und intersubjektiv voneinander unterscheidet, sondern auch ganze Tätigkeiten und Tätigkeitsfelder als eher reich oder arm an Würde, würdehemmend oder -begünstigend beschreibbar sind. Je nachdem, wie es ums soziale Ansehen, den Autonomiegrad, die benötigten Kompetenzen – natürlich auch illegitimer Art, die Chancen für Erfahrungen der Sinnhaftigkeit und Selbstverwirklichung, der Chancen auch auf Wertschätzung durch die berufliche Umwelt bestellt ist.

Ich kann hier dennoch einen Überblick über Würdeprobleme in der Arbeitswelt zu geben versuchen, weil sich in zwei Jahrzehnten endlich doch so etwas wie eine würdezentrierte Arbeitssoziologie entwickelt hat. Ihr Begründer Randy Hodson, von dem schon beim Abhandeln von Würdetheorie hier die Rede war, sieht Würde mit ihren ungleich vorhandenen Erwerbs- und Nutzungschancen als das an, was für die Qualität der einzelnen Arbeitspraxis wie auch für die gesellschaftliche Organisation und Legitimation der Arbeit insgesamt entscheidend ist. Mit dem Würdekonzept startet er eine Arbeitssoziologie, die eine Alternative gleichermaßen zu radikaler Klassentheorie wie zu modernen Managementlehren sein soll. (Hodson 2001). Das Konzept Würde stiftet in diesem Sinne einen überwindenden Bezugsrahmen. Es arbeitet mit dem Bild von Arbeitnehmenden, die von eigenen Regeln und Handlungsvorstellungen geleitet sind, die sich aktiv einbringen und mitgestalten wollen, und, wenn sie dies nicht hinreichend können, vielfältigen Widerstand leisten. Ein Widerstand, der angesichts vielfältiger und massiver Würdebedrohtheit so normal wie notwendig ist. Seine Äußerungen bestehen darin, das Ausüben würdehaltiger Tätigkeiten anzustreben und die gerade im Besitz befindliche Würde Tag für Tag zu verteidigen.

Die „Hodson-Schule" bestimmt Würde der Arbeit als ein Problem der modernen Dienstleistungsgesellschaft, in welcher Arbeit weit mehr als Sicherung des Lebensunterhaltes darstellt, mit hohen kommunikativen und interaktiven Aufgaben verbunden ist und aufgrund der entstandenen beruflichen Mobilität immer

14.1 Thematisierungen und Problemzugänge

wieder neu zu erwerben, zu pflegen und zu erhalten. Als aktive autonome Teilhabe am Arbeitsleben ist Würde aber auch ständigen Gefährdungen, vor allem durch missbräuchliches Management, ausgesetzt und die Suche nach ihr, d. h. nach „agency" und „citizenship" steht im Zentrum der Erfahrungen und Beziehungen am Arbeitsplatz.

Die mit Hodson begonnene soziologische Ethnografie der Arbeitswürde wird bis heute genutzt und weiterentwickelt, ohne indes größere innerfachliche Beachtung zu finden. Eine Modernisierung seiner Analysen, aber auch eine starke Relativierung der Idee und Realität des selbstbestimmt und hoch respektiert tätigen Dienstleistenden nimmt Vicki Smith (2016, 31 ff.) vor. Sie weitet den Blick, wie inzwischen in der kritischen Arbeitsforschung sicher der Normalfall, auf das mit der zunehmenden Prekarisierung der Arbeitsverhältnisse entstehende Potential an Würdeschwächung und Würdeauflösung aus. Die Würdehemmer sind das Bewusstsein der Arbeitenden von der Labilität ihrer Jobs, ihre Sorgen über ihre Beschäftigungszukunft, die Verschärfung des Kampfes um gute Tätigkeiten und die entwürdigenden Anstrengungen zur Vermeidung von Stigma und Demoralisierung, die mit Beschäftigungslosigkeit und Unterbeschäftigung einhergehen.

Eine anders gerichtete Anpassung der würdezentrierten Forschung findet sich bei Sayer, der bei aller Interessiertheit an der Arbeitswürde im Spannungsfeld von Autonomie und Heteronomie deren Bedeutung doch auch einschränkt (Sayer 2007). Unter den in großen Teilen der Arbeitsgesellschaft vorherrschenden Bedingungen instrumenteller Zielsetzung und hoher Ungleichheit würden ein angemessener Lebensstandard, soziale und materielle Sicherheit, Raum zur Selbstverwirklichung und die Chance zu freundschaftlichen Beziehungen weit mehr als die Würde benötigt.

Einen interessanten Versuch zur partiellen Aufhebung der Eingrenzung von Würde als Arbeitsplatzwürde hat schließlich vor einem halben Jahrzehnt P. Matthiys Bal unternommen (Bal 2017). Dieser bewegt sich insofern im Mainstream, als sich Bal empirisch auf Kommunikation und Interaktion am Arbeitsplatz bezieht. Jedoch wird der im Einzelnen verfolgte Prozess von Würdebildung, -entwicklung, -verletzung und -förderung auf „gewürdigte" Pflichten und Verantwortlichkeiten hin normativ definiert.

Bals Perspektive profiliert sich vor allem durch ein Wertkonzept der Arbeitswürde. Würde umfasst das Wertvollste an der Arbeitswelt als einen „körperlichen oder mentalen Raum, in dem Menschen zusammenkommen, um arbeitend zu handeln, oder um physische und geistige Anstrengungen zu erbringen, um etwas neu zu schaffen" (5). Die Arbeit als Ganzes mit den Elementen Wahrheit, Wert, Natur und Güte entscheidet über Erreichen und Verlieren der Würde, die hervorzubringen aber auch ihre eigentliche Bestimmung sein soll (13). Diese wird, so Bal, im meritokratischen neoliberalen Kapitalismus jedoch für gewöhnlich verfehlt oder unterminiert, wobei sich der Kampf um sie nicht mehr auf zwischenmenschliche Arbeitsbeziehungen beschränkt, auch von den Auswirkungen der natürlichen Ressourcen und ihrer Knappheit beeinflusst wird: ökologische Grenzen subjektiver Würdeansprüche und „Würdigkeit" werden ja längst erkennbar. Gerade deswegen bleibt die Implementierung von Würde als Wert in organisatorische Praktiken das praktische Ziel der Theorie.

Gerade haben in einer deutschen Studie Nicole Meyer-Akuja und Oliver Nachtwey einen wichtigen Teil der Würde, die Anerkennung oder Nichtanerkennung von außen, empirisch untersucht (2022). Mit anderen Autoren berichten sie, von Bourdieu inspiriert, über die fehlende gesellschaftliche Anerkennung der Leistungsträgerinnen und -träger, die mit der Reproduktion von Arbeitskraft und gesellschaftlichen Beziehungen zu tun haben. Die hohen Leistungsanforderungen und die – während der Coronakrise häufig betonte Systemrelevanz ihrer Tätigkeit spiegeln sich in der Vermarktlichung und Entlohnung, aber auch darüber hinaus in ihrer Gesamtposition in der Klassengesellschaft nicht annähernd angemessen wider (70).

Diese Einsichten laden dazu ein, noch genauer zu diskutieren und auszuprobieren, wie sich der aktuelle Stand der Anerkennung einer speziellen Arbeitstätigkeit als wertvoll ermitteln lässt: Über ihre Bewertung in der Medienöffentlichkeit, die Beliebtheit als Ausbildung und Beruf, die marktorientierten Verdienstmöglichkeiten, das Berufsprestige, das Selbstverständnis der Leistenden, die Messbarkeit der Leistungsergebnisse, die Transparenz und Bekanntheit der jeweiligen Tätigkeit, ethisch-moralische Aspekte der typischen Aktivitäten und noch Weiteres mehr. Sicher sind hier auch große Widersprüche erwartbar.

14.2 Was Arbeitswürde ausmacht

Das Prinzip Würde auf die Arbeitswelt bezogen, kann, wie schon deutlich wurde, recht Verschiedenes wie auch das alles zusammen beinhalten. Sie wird als subjektives Gefühl – Selbstachtung, Stolz, Vertrauen -, entgegengebrachte Wertschätzung, Teilhaberechte und -chancen, erlebte Bedeutsamkeit des eigenen Tuns, Beziehungsangelegenheit erfahren und als etwas, um dessen Erwerb, Ausübung und Erhalt man sich ständig bemüht. Arbeitswürde ist also auch auf ihr Vorhandensein in einzelnen Handlungen, Interaktionen, Normen und organisatorischen Strukturen hin beobachtbar und befragbar.

14.2 Was Arbeitswürde ausmacht

Für ihre Ein- und Abgrenzung lassen sich natürlich unterschiedliche Wege beschreiten. Smith (40) konzentriert sich auf die Arbeitstätigkeit selbst und stellt in ihr Würde fest, wenn sie den Lebensunterhalt sichert, wenn die Beschäftigten ihre Stimme erheben können, von ihren Bezugspersonen Respekt empfangen und ihre Arbeitgeber als zur Investition in den gemeinsamen Erfolg bereit, erleben.

Der Prozess der Respektierung steht in Sayers Definition (573) im Vordergrund. Die Würde von Arbeitnehmenden entwickelt sich daraus, dass sie als verantwortlich für ihr Handeln behandelt werden und das ihnen zugeschriebene Geleistete positive oder negative soziale Rückmeldungen hervorruft.

Um die Konzeptualisierung der „Workplace Dignity" zu einem Befragungsinstrument machen sich Tiwari und Sharma (2019) verdient. Würde ist hier ein in der subjektiven Wahrnehmung beruhendes multidimensionales Konstrukt. Sie umfasst die sechs Komponenten Vertrauen und Respekt, Gleichheit, Selbstwert, faire Behandlung und Autonomie. Würde ist in diesem Sinne als das individuelle Wahrnehmen von Respekt und Vertrauen, gleiche und faire Behandlung, als Selbständigkeit und Ausdrucksfreiheit und als gefühltes Wohlbefinden am Arbeitsplatz definiert (20).

Ich möchte hier vor allem den Ansatz von Kristin Lucas zur Differenzierung und Erforschung der Würde in der Arbeit empfehlen (Lucas 2015). Arbeitswürde kann ihres Erachtens nicht einfach durch die Übertragung der Menschenwürde auf diesen gesellschaftlichen Bereich erfasst werden, sondern stellt ein theoretisch eigenständiges Phänomen dar. Ihre Bedeutsamkeit in der Arbeitswelt ist immens groß, weil diese einerseits ein Ort der Würdebildung durch individuell erbrachte Beiträge, Kompetenzentwicklung und wertvolle Mitgliedschaften in einem größeren Ganzen ist oder sein kann, andererseits jederzeit und fortwährend Beschädigungen durch Missachtung, Dehumanisierung und schrankenlose Verfügungsgewalt hervorbringt.

Bereichernd für die Soziologie der Arbeitswürde erscheint mir vor allem die bei Lucas stattfindende „Entdeckung" einer dritten Würdeform – neben der ethisch-rechtlich zugestandenen Grundachtung und der durch Kompetenzen, Leistungsnachweise und Erfolge erworbenen Würde (628 ff.). Diese „remediated dignity" bezeichnet ein Phänomen, das schon immer miterforscht wird, nicht jedoch in seiner Eigenart begründet und anerkannt. Behobene, „reparierte" und „sanierte" Würde beruht auf Interaktions- und Organisationspraktiken, welche die andauernden Ungerechtigkeiten und Verletzungen am Arbeitsplatz verhüllen, im Verborgenen lassen oder sogar als Normalität legitimieren. Auch wenn die große Mehrheit der Arbeitenden an Bedingungen von Instrumentalität und Ungleichheit angepasst tätig ist, bleibt doch eine Bewusstheit für Verletzungen von Achtung oder Eigenständigkeit bestehen, sind diese nur schmerzhaft genug. Würdemangel und -beschädigung verlangt aber nach Reparatur, nach Wiederherstellung der je betroffenen Werte und dieses Bemühen wiederum erzeugt interaktive und organisatorische Praktiken zum Verhüllen der würdelosen Natur der Arbeit und eines von Würde weit entfernten Arbeitslebens.

„Remediated dignity" ist also eine negative Würde, eine Würdelosigkeit der harten Hintergründe von Arbeitsmarkt, Machtungleichheit, instrumentell orientierter Organisationspraxis, repressivem und manipulativem Kontrollsystem. In der Realität der Beziehungen am Arbeitsplatz selbst wird sie kommunikativ abgemildert oder sogar überwunden.

14.3 Bedingungen der Entstehung und Schädigung von Arbeitswürde

Die offenkundig geringe Attraktivität, die der empirischen Arbeitswürde-Forschung in der fachwissenschaftlichen Öffentlichkeit zukommt, hat, so denke ich, ihren primären Grund in der so sehr begrenzten Verbreitung ihres Gegenstands. Obgleich natürlich die Ambivalenz von Knappheit und Kostbarkeit würdevoller Arbeit interessant und herausfordernd genug wäre, um kritische Erkenntnisaktivität anzuregen. Und es darf ja nicht vergessen werden, dass in Lohngesellschaften unsere Jobs den sichersten Weg zu Erhalt und Anerkennung von Würde darstellen und unsere Würdesozialisation sich gerade in der Berufsarbeit vollzieht (Horgan 2022, 88, 177).

Die gegenwärtige Lage der Würde in der Arbeitswelt lässt sich, folgt man den verfügbaren Befunden und Eindrücken, nur als Anhäufung von Problemen und Krisenzuständen beschreiben:

- Würde ist äußerst knapp und brüchig.
- Würde ist vielfach schon strukturell ausgeschlossen oder zumindest stark behindert.
- Würde ist in hohem Maße ungleich verteilt.
- Würde muss, sofern in der spätmodernen Organisations-, Kommunikations- und Dienstleistungsarbeit grundsätzlich erreichbar oder sogar vorgeschrieben, in Anstrengung und Konfliktbereitschaft erworben und verteidigt werden.
- Und selbst die mit und durch Würde Privilegierten können sich der Fortdauer und Unbegrenztheit der erhaltenen Würdigung keineswegs sicher sein.

14.3 Bedingungen der Entstehung und Schädigung von Arbeitswürde

Würdesoziologisch ist also, noch einmal zugespitzt formuliert, davon auszugehen, dass sich die Würdefrage unter bestimmten Arbeitsverhältnissen – Beschäftigungslosigkeit, Unterbeschäftigung, Kinderarbeit, Wanderarbeit, prekäre Arbeit, Niedrigentlohnung – gar nicht erst stellt. Dass aber da, wo Selbstbestimmung und Selbstachtung prinzipiell gedeihen können, Beteiligung und Anerkennung doch stets von asymmetrischen Machtbeziehungen und Interaktionsregeln, beschränkten Gelegenheitsstrukturen zum Engagement in subjektiv sinnvollem Tun begleitet sind. Begrenzend für Privatheit, Sicherheit und Komfort wirkt auch der disproportional verteilte Raum.

Es bestehen sogar ernst zu nehmende Befürchtungen, dass sich die zur Dienstleistungsgesellschaft gehörigen Würdeverhältnisse immer mehr von Fragen des angemessenen Leistens und Kommunizierens wegbewegen und der Austauschbarkeit der Marktkonformität zum Opfer fallen. Dass also sogar als unangreifbar geltende „Besitzwürde" in der entfesselten Marktgesellschaft in Gefahr gerät (Lucas, 628).

So ist es denn nur naheliegend, dass, weit mehr als Art und Verlauf des Würdeerwerbs, die Bedingungen und Formen von Entwürdigung am Arbeitsplatz Interesse auf sich ziehen. Und sicher auch das spannendere Thema darstellen. Diese Entwürdigungsprozesse treten zum Teil in ganz eigenständigen, berufsspezifischen Praktiken auf. Einige von ihnen haben es längst schon zu Forschungsehren gebracht: Mobbing steht da mit einer Fülle von Untersuchungen an vorderer Stelle und ähnliches gilt für sexuelle Belästigung am Arbeitsplatz, derzeit ja vor allem in Feldern der Kulturproduktion ein öffentlich behandeltes Problem. Länger schon ist das tagtäglich zu erbringende Gefühlsmanagement als „Achtungsarbeit" speziell in traditionell weiblichen Dienstleistungstätigkeiten zum Thema geworden (klassisch Hochschild 1990). Bestimmt kann auch das noch relativ jung entdeckte Problem des Burnout im Hinblick auf die Förderung durch mangelnde Autonomie und fehlenden Respekt betrachtet werden.

Entwürdigung in der Arbeitswelt ist in vielerlei Berichten und Analysen überzeugend dokumentiert, ob nun als Demütigung, Beschämung oder Degradierung, der Unselbständigkeit, der schädigenden Aktivität, der Ausbeutung, der Diskriminierung und Stigmatisierung. Wie der Gegenstandsbereich im einzelnen bestimmt werden kann, will ich an drei Beispielen anregungshalber aufzeigen:

Lucas führt, bezogen auf „ihre" drei Würdetypen 1) respektlose Interaktion, Anmache und Misshandlung, 2) Beleidigungen, öffentliche Verweise, Übergehen oder Verneinen erbrachter Arbeitsleistungen, 3) die Behandlung als Sache, Rücksichtslosigkeit bis hin zur Herzlosigkeit und die Nutzung behaupteter Entbehrlichkeit als Kontrollmittel auf (2015, 629). Zawadski (2018, 182) benennt zum einen Misshandlung mit den Varianten Ausbeutung, Aggression, Manipulation, Mobbing, autoritäres Führungsverhalten und Diskriminierung, zum anderen Gleichgültigkeit in Form des Ignorierens von Bedürfnissen, ständiger Kritik am Geleisteten und lächerlich machender Witze.

Tamara Enhuber (2011, 2013) bestimmt und analysiert die Realität der Entwürdigung am Beispiel der Bonded Labour in Indien. Bonded Labour als spezifische Arbeitsbeziehung ist als zeitweilige Versklavung definiert, die aufgrund von Schuldknechtschaft, der systematischen wie betrügerischen Rekrutierung von Arbeiterinnen mit attraktiven Anreizen und von Kastenzugehörigkeit und damit verbundener Berufszwänge zustande kommt (2013, 18 ff.). Ihre tieferen Grundlagen sind große gesellschaftliche Ungleichheit, extreme Bevölkerungsarmut, die Vorherrschaft des informellen Sektors, Unterbeschäftigung und Migration.

Würdeverletzung vollzieht sich, Enhuber zufolge, in der Zwangsarbeit auf zwei unterschiedlichen Ebenen. Es ist zum einen höchst wahrscheinlich, in einer Art und Weise behandelt zu werden, welche sich als degradierend, demütigend, entehrend, beschämend, entweihend wahrnehmen lässt. Sei es von Seiten der Gesamtgesellschaft, einer einzelnen Gemeinschaft oder in einer speziellen Beziehung, sei es von den Betroffenen selbst.

Die andere Ebene bezieht sich allgemein auf das, was mit der subjektiven Würde selbst geschieht: die Freiheit über die eigene Lebensführung zu verlieren, von den eigenen Wurzeln und Bindungen abgeschnitten zu werden, daran gehindert zu sein, das eigene Potential zu verwirklichen und in Einklang mit den eigenen Werten und, darüber hinaus, der eigenen Identität zu leben. Ja, nicht einmal sich entspannen, zurückziehen, ausdrücken zu dürfen Es geht also hier um das Erleben von Zwang, dort um den Freiheitsverlust selbst (2011, 103 ff.).

In der Wirklichkeit der Bonded Labour lassen sich die einzelnen Entwürdigungspraktiken leicht konkretisieren. Sie bestehen etwa als Bezahlung weit unterhalb des Mindestlohns, als Bruch von Abmachungen, Betrug, alltägliche Erniedrigung, Bedrohungen, diverse Belästigungen und auch als körperliche Gewalttätigkeit.

Um der Komplexität der Würdekonflikte und -verluste in der Arbeitswelt gerecht zu werden und missachtende Praktiken systematisch zu ermitteln – von indirekt wirkenden wie würdelosen Unterbringungsformen bis hin zu direkter Herabsetzung – könnte es, so meine Idee, auch hilfreich sein, zwischen struktureller, normativer, interaktiver und subjektiver Zerstörung von Arbeitswürde zu unterscheiden. Weiterhin könnte danach gefragt werden, in welchem Maße es schon die ausgrenzende Tätigkeit selbst, etwa Schlachthofarbeit, ist; die Herkunft, Zusammensetzung und formale Qualifikation der Arbeitenden; die Arbeitsbeziehungen und -verhältnisse oder die schädigenden Arbeitskonsequenzen, welche im Entwürdigungsgeschehen wirksam sind. Es bliebe auch die Möglichkeit, von der arbeitsgesellschaftlichen Position auszugehen und die Gemeinsamkeiten und Differenzen der Würdebeschädigung von Personen mit relativ niedrigem Beschäftigtenstatus und der Verletzlichkeit von Würde trotz hohem Status, oder gerade deswegen, wie etwa dauerhaftem Beobachtet-Sein und hoher Erkennbarkeit von Leistungsschwächen oder Erfolglosigkeit zu erforschen.

14.4 Würdemanagement in der Arbeitswelt – eine humanistische Sicht von oben

Alle organisierten Bemühungen um die Humanität von Erwerbstätigkeit sind im weitesten Sinne auch Einwirkungen auf Chancen und Risiken von Würdigungserfahrungen. Motivation und stärkeres, gezieltes Engagement für den Kampf für die Geltung von Arbeitswürde zeigt sich in Initiativen, Kampagnen und politischen Entscheidungen für besonders rechtlose Arbeit am offenkundigsten. Dort wird unter anderen von der International Labour Organization und prominenten zivilgesellschaftlichen Akteuren wie Oxfam und dem International Labor Right Forum die in Zwangsarbeit und Sklaverei dominierende Entwürdigung angeprangert. Theorien und Forschungen zur Förderung von Würdearbeit sind aber in den Arbeitswissenschaften als Thema erst noch zu entdecken. Auch in der Soziologie, die ja ihr Interesse auf würdebegünstigende Arbeitsgelegenheiten, Arbeitsbedingungen und Arbeitsbewertungen richten könnte.

Ganz anders ist das nur in Teilen der Organisationsforschung und in der Wirtschaftsethik. Würde ist vor allem zur Grundkategorie des humanistischen Managements als ethisch orientierter Organisationsanalyse geworden. Hier stehen natürlich nicht die gesellschaftlichen Hintergründe von Würdestärkung und -schwächung oder der Kampf der abhängig Beschäftigten um Respekt zur Diskussion. Gegenstand ist vielmehr die Aufklärung und Korrektur von Führungsaktivität. Humanistisches Management ist eine Perspektive von oben auf arbeitsorganisatorische Leitungstätigkeit. Zugrunde liegt ihr der Glaube an Arbeitswürde als etwas der menschlichen Natur Gemäßes, auch als etwas, was den Transaktionen des Marktes entzogen bleiben muss.

Michael Pierson (2017), ein tonangebender Vertreter des humanistischen Managements, erhofft sich durch die Würdefundierung eine Bewegung weg von der Idee der Profitmaximierung zu der der Partizipation. Allgemeiner ausgedrückt: Um eine Erweiterung von Wohlfahrtsvorstellungen zu solchen des Wohlbefindens. Besonders ausgearbeitet findet sich die Idee der Erzeugbarkeit einer Organisations(leitungs)kultur als Grundlage humaner, gewürdigter Arbeit bei Donna Hicks (2018, 110 ff.). Sie hat für das Führen mit Würde als eines Tuns, das sich mit Akzeptanz, Respekt, Vertrauen und Verantwortlichkeit verbinden soll, diverse Dignity Skills und Dignity Tools entwickelt und arbeitet selbst an der praktischen Vermittlung in der Weiterbildung von Führungskräften. Ob und wieweit sich die Eliten der Arbeitsorganisation der westlichen Welt für eine werteverändernde Würdebildung zu öffnen bereit sind und was das für die Humanisierung der Arbeitsrealität bedeuten würde, bleibt aber fraglich. Das sieht auch Hicks so: Würdemanagement ist eine Aktivität, die auf dem Weg der Etablierung von Würdewissen als Daseinsweise niemals an ihr Ende gelange (2018, 44).

Armut als Würdeverletzung 15

Armut ist nicht nur ökonomisch-statistische Realität als nachweisbarer Mangel, der sich bestimmen und messen lässt. Sie besitzt auch eine soziale Dimension, welche die Lebensbedingungen armer Menschen umfasst und die Fragen von Bekämpfung und Verbesserung. Darüber hinaus weist sie auch moralische und emotionale Aspekte auf. Hier geht es um verletzte oder sogar verlorene Rechte, Werte und Bedürfnisse und die Auswirkungen dieser ganz und gar normalen Prozesse auf das Selbst.

In diesen Zusammenhang fällt auch das Schicksal von Würde unter Armutsbedingungen – von der, die Menschen grundsätzlich zugesagt ist und der des sozialen Leistens und Anerkanntwerdens. Würde ist länger schon, wenn gleich ziemlich wirkungslos, zum ethischen Leitbegriff in der Armutsdiskussion und Armutsforschung geworden. Dabei richtet sich alle Aufmerksamkeit auf die Verletzungsfrage, so gut wie gar nicht wird Würde als Schutz vor Armut oder Ressource für ein benachteiligtes Leben thematisiert.

Wissenssoziologisch orientiert können wir feststellen, dass es in den normativen Wissenschaften, aber auch den mit Armutsfragen befassten gesellschaftlichen Institutionen schon länger Debatten und Positionen gibt, in denen eine ethische Einschätzung von Armut als massiver Würdeverletzung fortlaufend stattfindet. Dabei treffen wir auf einen reichhaltigen und vielfältigen Bestand von Schädigungswahrnehmungen und -bewertungen. Es lohnt sich insofern für uns, eine kurze Rekonstruktion vorzunehmen.

15.1 Erklärungen der Entwürdigungsfunktion von Armut

Was an Armut und ihren Merkmalen und Folgen lässt nun auch die Würde schrumpfen und schwinden? Zu dieser Frage haben sich verschiedene würdephilosophische Positionen herausgebildet, die miteinander kontrovers diskutieren, ohne aber wirklich unvereinbar zu sein. Sie sind sich darin einig, dass Würdeverletzung das zentrale Problem der Armut darstellt, argumentieren dann aber eher von der Moral her oder den Betroffenen, identifizieren das Schädigende in Abhängigkeit, Ungerechtigkeit, Unfreiheit und Ungleichheit, Demütigung, Missachtung und Zerstörung von Befähigungen, und nicht zuletzt Schmerzzufügung durch Hunger. Mit dem Blick auf die würdeverletzende Funktion der Armut wird auch die restriktive Funktion der Armut als Überlebensproblem überwunden.

Schädigungsgrund unzumutbarer Mangel: Ein naheliegender und folglich weit verbreiteter Standpunkt im Erkennen des würdeschädigenden Potentials der Armut bezieht sich auf die Schwere des Mangels an Gütern und Dienstleistungen (Munk 2013). In diesem Sinn ist es vor allem die absolut genannte Armut als Nichtverfügung über angemessene Nahrung, Kleidung, Wohnbedingungen und Gesundheitsversorgung, welche die Würde eines erheblichen, wieder wachsenden Teils der Weltbevölkerung verletzt. Ihre moralische Gleichwertigkeit insgesamt wird beschädigt. Wieweit das auch für weniger stark oder nur relativ vom durchschnittlichen Wohlstand und Wohlbefinden Abgeschnittene zutrifft, bleibt hingegen diskutier- und prüfbar.

Schädigungsgrund Abhängigkeit: Die Erklärungsbedürftigkeit des die Würde Verletzenden an der und durch die Armut erschließt sich sehr erhellend in der Analyse von Peter Schaber (Schaber 2011). Die Suche nach dem vorrangig Schädigenden ist Schaber zufolge insofern erforderlich, als dieses, das individuelle Arm Sein, wie es ansonsten geschieht, nicht mit Absicht von Dritten herbeigeführt wird. Würde kann, so Schaber, im Fall Armut dennoch verletzt werden, wenn der Mangel an dem für ein gutes Leben Unentbehrlichen aufgezwungen wird und Opfer produziert. Ihre offenkundige Verletzung ist Produkt der als degradierend empfundenen Abhängigkeit von Personen und Institutionen. Die Entwürdigung wird als innerer Schmerz erlebt. Arme Menschen empfinden ihre Würde dann als geschädigt, weil und wenn sie, starker Elendsbetroffenheit unterliegend, für ihr Überleben auf andere angewiesen sind. Dabei ist es egal bzw. nur Abhängigkeitszeichen, ob den Armen die eine oder andere Hilfsleistung zukommt oder sogar garantiert ist. Würdeverletzung ist, da folge ich Schaber gern, stets unmoralisch und es besteht die moralische Pflicht, das Übel der Armut aufzuheben.

15.1 Erklärungen der Entwürdigungsfunktion von Armut

Schädigungsgrund Demütigung: Auch Müller und Neuhäuser (2011) erkennen das Problem der Armut aus Beobachtersicht nicht so sehr in der Mittellosigkeit, sondern im Leiden an der ungerechten Ungleichheit. Armut demütigt, als absolute eher und stärker als in nur in der Relation zu anderen Gesellschaftsmitgliedern geltende. Von Armut betroffene Menschen werden ihrer Selbstachtung beschädigt und zu Bürgern zweiter Klasse (161), weil sie sich, gemessen an den Idealen eines akzeptablen Lebens, nicht würdevoll verhalten können. Armut wird interessanterweise erst durch die soziale Hochbewertung von Wohlstand und Reichtum zum Fall von Demütigung als verweigertem Anstand. Für den Sozialphilosophen Neuhäuser (2018, 2019) ist sogar ausgemacht, dass allein die Realität des Reichtums die Würde der Armut verletzt. Er gibt einigen Menschen die Macht, zu bestimmen, was würdevoll ist und dies lebenspraktisch zu demonstrieren. Gelebter Reichtum – moralisch ohnehin stets unverdient, da mehr oder weniger durch persönliches, strukturelles und soziales Glück bedingt – ist immer mit der tiefen Beschämung der Einkommens- und Vermögenslosen verbunden.

Schädigungsgrund Exklusion: Im „kantischen Sinne" bezeichnet Armut eine Würdeverletzung als Verringerung oder gar Aufhebung des moralischen Status. Daran anknüpfend, entdecken Mieth und Williams (2021), nimmt man nur strenge Armut, starke Varianten von Ausbeutung und relative Armut zusammen in den Blick, drei Formen von armutsbedingter Exklusion. Sie beschreiben sie als „Cast away", „Cast out" und „Cast down". Lebensgefährdende Armut wirft Menschen als unbegrenzt verfügbar weg, indem man ihnen den Platz in der Welt nimmt, ihnen keine Gelegenheit gibt, sich ein sicheres Auskommen zu verschaffen, sie betteln und von Abfällen leben lässt (2021, 1). Sie ist von ständiger Furcht und Unsicherheit, körperlichen Schädigungen, Fehlernährung und Erkrankung gekennzeichnet. „Cast out" geschieht durch ökonomische Ausbeutung und Marginalisierung als Mittel; „Cast down", wenn Arme entmächtigt und in Abhängigkeitsbeziehungen, auch als Hilfe gedachten, festgehalten werden. Allen drei Ausgrenzungen gemeinsam ist die institutionalisierte Verletzung von Fähig- und Möglichkeiten, ein Leben in Selbstachtung zu führen.

Schädigungsgrund Schrumpfung von Handlungsoptionen: In der neueren Würdephilosophie besitzt die Argumentation mit zentralen Befähigungen, wie sie höchst einflussreich von Martha Nussbaum vertreten wird, einen hohen Stellenwert. Am Verlorengehen oder dem nur unzureichenden Besitz dieser existentiellen Befähigungen wie etwa Fortbewegung, Denken, Urteilen, Spielen, Lachen, in Beziehung sein, können nun auch die moralischen Armutsmerkmale bestimmt werden. Einen Vorstoß dahin unternimmt neuerdings Mulders (2021). Arm Sein heißt hier eine Schrumpfung von Handlungsoptionen zu „überlegtem

Gebrauch unserer persönlichen Autonomie" (234) zu erfahren. Und diese Verletzung der Würde als Menschenrecht verkörpert auch die normative Basis für Armutsbekämpfung.

Schädigungsgrund moralische Ignoranz und Schuldzuschreibung: Eine bedeutsame Erweiterung der denkbaren Begründungen für armutsbedingten Würdeverlust mit Konzentration auf den Welthunger findet sich in einer aktuellen Abhandlung von Julia Müller (2021). Sie begreift schwere Armut als potentiell vermeidbar, chronisch, strukturbedingt und als globales Problem. Welches eben auch moralisches, das heißt würdeverletzendes Übel ist. Die Demütigung armer Menschen vollzieht sich auf der Basis moralischer Ignoranz, also der Schuldzuschreibung und Zurückweisung von gesellschaftlicher Verantwortlichkeit. Sie tritt Müller zufolge, in zwei unterscheidbaren Formen auf: Als grundlegender Freiheitsverlust und als Verneinung menschlicher Sozialität. Und im Fall des Hungers zusätzlich durch Negation von Bedürftigkeit.

Armut bedeutet fehlende Bewegungsfreiheit, indem arme Menschen strukturell und systematisch vom Zugang zu Orten, Gebieten und Land überhaupt ausgeschlossen sind. Durch den sie bestimmenden Mittelmangel ist sie natürlich auch Ausdruck ökonomischer Unfreiheit. Darüber hinaus geht es aber auch um den Raub der Möglichkeiten freien Entscheidens und Handelns (166) sowie als „fehlende Freiheit, eine individuelle Biografie zu entwerfen" (182).

Armut markiert aber zweitens auch eine Würdeverletzung durch Ungleichheit, indem durch individuelle Deprivation und Marginalisierung der Anspruch auf gleichberechtigte Teilnahme am gesellschaftlichen Leben verhindert wird. Armutsbedingte Ungleichheit insgesamt untergräbt auch die Gleichheit im moralischen Status.

15.2 Armutsbedingte Würdekonflikte und Würdebeschädigungen als Gegenstand empirischer Forschung

Gemäß den normativ orientierten Analysen kann es als unabweisbar gelten, dass Armut als Mittellosigkeit und Vorenthalten von Zugangschancen Würde auf unterschiedliche Weise verhindert, beschädigt und auflöst. Wie sehr aber dabei Schwere, Dauer, Ort und kulturelle Bewertung von Armut und der mediale und politische Umgang mit ihr die Entwürdigung, ihre Formen, Intensität und Verlauf determinieren, ist eine empirische Frage, welche Wissens- und vor allem Ungleichheitssoziologie interessieren sollte.

15.2 Armutsbedingte Würdekonflikte und Würdebeschädigungen ...

- So bestehen Beschaffenheitsfragen, wie etwa, gibt es bestimmte Merkmale von Armut und Verarmung, die Würdeverlust besonders begünstigen? Zu denken wäre hier an die Auswirkungen von sichtbar oder verborgen gelebter Armut. Es stellt sich weiter die Frage der Häufigkeit und den ungleich verteilten Risiken für die individuelle Entwürdigung durch Armut.
- Wir sollten uns soziologisch dabei für das Zusammenspiel der armutsbedingten Würdeschädigung mit Bedingungen wie Gewalt, Rassismus, Exklusion verschiedener Art interessieren.
- Bedeutsam ist vor allem auch herauszufinden, wie, wo und wann von Armut Betroffene zeitweilig oder dauerhaft entwürdigende Erfahrungen machen und entwürdigenden Situationen ausgesetzt sind, wie sie damit zurechtkommen, und ob sie unter Umständen Widerstand leisten. Und wie sehen die Auswirkungen auf Status und Identität im Einzelnen aus?
- Und es stellt sich das Interaktionsthema mit der Erforschung der institutionalisierten Beziehungen zwischen Empfangenden und Gewährenden, Antragstellenden und Bearbeitenden und ihrem auslösenden oder stabilisierenden Beitrag zur jeweiligen Entwürdigungsgeschichte.
- Schließlich verbinden sich auch mit der Legitimation der armutsbedingten Entwürdigung spannende Fragen: Wie tragen relativistische oder normalisierende Armutsbestimmungen mit der Einordnung als selbst zu verantwortende wie unvermeidliche Ungleichheit in der Marktgesellschaft zur Akzeptanz und Förderung von Entwürdigung bei? Wie schaffen es zugangsprivilegierte Personengruppen gegenüber den von Gütern und Dienstleistungen abgeschnittenen Gesellschaftsangehörigen erfolgreich Situationsbegründungen und -deutungen legitimierender Art zu entwickeln? Wie finden die Gesellschaft und ihre Medien ein gut funktionierendes Auskommen mit der Realität exzessiver und so weit noch verbreiteter Hungerarmut?
- Dann geht es noch um die gesellschaftliche Verarbeitung von armutsgeförderten Würdeschäden: Wie und unter welchen Bedingungen wird politisch und administrativ nachweislich reagiert? Mit welchen Begründungen und Effekten? Inwieweit haben alternative Ansätze zur Armutspolitik – etwa das bedingungslose Grundeinkommen und Bürgergeldmodelle – bessere Chancen, Autonomie und Achtung armer Menschen zu schützen oder gar zu stärken.

Jedoch liegen empirische Daten zur Analyse des Armut- und -Würde-Zusammenhangs derzeit noch kaum vor. Ob nun zu Selbstdeutungen einkommensschwacher Personen bezüglich ihres Würdekapitals, zur Interaktion zwischen armen Menschen und den für sie bedeutsamen beurteilenden, kontrollierenden, helfenden Anderen oder zur sozialen Verteilung von nachgewiesener

Entwürdigung. Natürlich handeln die qualitativen Elendsforschungen Bourdieus (1997) wie neuere Fortführungen (etwa Schultheiss und Schulz 2005) auch, eher implizit, von Würdeproblemen und ließe sich hier durch Sekundäranalyse manche Einsicht gewinnen. Das wären aber im Wesentlichen nur Bedeutsamkeits- und Bewusstheitsnachweise, wie sie sich in populärwissenschaftlichen Armutsstudien (Selke 2015), sozialpraktischen Stellungnahme zu Würde als Ware (Kreicher und Gillich 2014) oder journalistischen Sozialreportagen Ernst Klees oder Günter Wallrafs häufig und eindrucksvoll finden. Erforderlich wären aber gezielte und systematisch vorgehende Erhebungen zur Entwürdigungsdimension der Armut.

Legitimatorische Schlussbemerkungen: Die Allgegenwart der Entwürdigungsgesellschaft

Zu Beginn meines Vorhabens und während seiner gesamten Realisierung hat sich mir immer wieder die Berechtigungsfrage in den Weg gestellt: Ist das Würdeproblem soziologisch betrachtet wirklich wichtig genug, um einen eigenen Einführungstext begründen und ausfüllen zu können? Diese Legitimationszweifel haben mich zwar nie ganz verlassen, aber glücklicherweise eine kontinuierliche Minderung erfahren.

Das lag zum einen an den so nicht erwarteten Erfolgen des Sammelns, Sichtens und Auswertens von einschlägigen Daten und Deutungen. Es ließ sich, wie ich glaube, deutlich aufzeigen, dass Würde auch sozial bedingt und normiert ist; sich erst in der Gefährdung und Verletzung als etwas höchst Flüchtiges und Verwundbares erweist und dass seine chronische Bedrohung und Beschädigung eine Fülle sozialer Konsequenzen hervorruft. Und es besteht eine gute Chance, durch Befunde aus der Werte- und Normenforschung, der Theorie der Emotionen, der Sanktionsanalyse und der kritischen Menschenrechtsphilosophie eine Art Grundlegung einer subjekt- wie auch strukturorientierten Würdeanalyse als moralische Soziologie zu erarbeiten. Die unweigerlich zu dem Ergebnis führt, dass wir in einer von Entwürdigungsprozessen geprägten, d. h. ihre selbst gesetzten moralischen Maßstäbe permanent verletzenden, ungerechten oder, wie Margalit sagt, „unanständigen" Gesellschaft leben.

Noch mehr hat mir aber die Aktualitätsentwicklung geholfen, welche das Thema Würde selbst in den letzten Jahren genommen hat. Ganz offenkundig ist Würde als Identitätsschutz, Ressource und Wertorientierung unter den derzeitigen Handlungsbedingungen spätmoderner Gesellschaften bedeutsamer als jemals zuvor, das heißt permanenter Gegenstand von Konflikt, Krise und Auflösung.

Beobachten lassen sich derzeit gleich mehrere, ganz unterschiedlich bedingte und unterschiedlich schädliche Prozesse der öffentlichen Würdethematisierung.

Es lässt sich einmal eine Neigung einstmals wichtiger und einflussreicher Funktionsträger und-trägerinnen erkennen, die Beschneidung von Privilegien und die Minderung von Autorität als ungerecht und als Akt der Demütigung zu interpretieren. In Deutschland machte der Fall der „Degradierung" des Altkanzlers Schröder in diesem Zusammenhang Schlagzeilen. Genauer besehen, handelt es sich in der Tat nur um eine, durch eine derzeit illegitime Parteinahme entstandene Ausnahme von der Regel, dass der politischen Elite nach frühem oder spätem Karriereende angemessen hoch bewertete und vor allem hoch dotierte Positionen in diversen Gremien und Organen in Wirtschaft, Verbänden und Stiftungen kompensatorisch verfügbar sein sollten.

Häufiger ist aber neuerdings der Fall eingetreten, das Verhalten prominenter Ex-Politiker, sich in Vermittlungsprozessen „nützlich" zu machen und vermeintlich marktübliche Provisionen zu empfangen, als unakzeptable Form von Würdelosigkeit anzuprangern. Noch hoffnungsvoller und vermutlich signifikanter zeigt sich diese neue Sensibilität für Würdegrenzen, wenn die Kategorie des „Übergewinns" in die politische Debatte eingebracht und mit auch moralischen Argumenten nach staatlichen Gegenmaßnahmen gerufen wird.

In den benannten Zusammenhang gehören auch die öffentlichen Reaktionen auf die lücken- und gnadenlos enthüllten Bestechungsaktivitäten, die im Sinne einer kollektiven Würdelosigkeit die Ausrichtung der aktuellen Fußball-Weltmeisterschaft in Katar ermöglicht haben. Sie dürften das Ansehen des kommerziellen Unterhaltungsfußballs und der von ihm profitierenden Spieler, der Zwischenklasse der parasitären „Spielerberater" und der offiziell autorisierten Funktionsträger in unaufhebbarer Weise beschädigt haben. Egal, was sich auch die Mitmachenden an Distanzierungsmanövern und Protestgesten noch einfallen lassen.

Ein weiterer Schauplatz, auf dem die Verteidigung und Zerstörung wie auch der Wiedergewinn der Würde in den Brennpunkt des Medienkonsums gerückt sind, verbindet sich mit der öffentlichen Karriere der Me-Too-Kampagne. Seit 2007 sind ja weltweit gegen eine Vielzahl prominenter und fast ausnahmslos männlicher Personen aus kulturellen Arenen wie Kunst, Musik, Film, Theater und Sport einerseits, dem politischen System andererseits Beschuldigungen des Machtmissbrauchs in Form sexueller Grenzüberschreitungen erhoben worden. Häufig gleich von mehreren Opfern und durchweg in einer beweiskräftigen und große Teile der Öffentlichkeit überzeugenden Form. Neu an diesen Angriffen auf die Achtung und Integrität bislang weithin als ehrenwert geltender, unantastbar scheinender Autoritäten war die mit der Verbreitung im Netz und seinen Medien erst zustande kommende Reichweite und Verbreitungsgeschwindigkeit. Neu war und ist aber auch, dass die Beschuldigten ungeachtet angehäufter Verdienste und geschaffener Lebenswerke durch die Glaubwürdigkeit der Übergriffsberichte in ihrem Würdestatus gleich großen irreparablen Schaden nahmen und allenfalls darauf hoffen konnten, dass der sie als Person treffende Achtungsverlust nicht auch ihre kulturell, wissenschaftlich, politisch oder ökonomisch wertgeschätzten Leistungen und Produkte diskreditiert, sei es, dass die Verfehlungen der Urheber künftig stets mitgenannt werden, sei es, dass durch die Begleitung ihrer Entstehung von Machtmissbrauch auch ihr „Wert an sich" In Frage steht.

Ihre höchste Aktualität und Intensität haben die Realitäten der Verteidigung und Zerstörung von Menschenwürde, individuell wie kollektiv, jedoch in der neuen Blütezeit zwischengesellschaftlicher Gewalt erlangt. Ob nun als legitim deklarierte staatliche Ferntötung gefährlicher „Systemgegner" überall in der Welt – Terroristen, Islamisten, Fundamentalisten – oder im Rahmen konventioneller militärischer Konflikte zwischen Nationalstaaten.

Der westliche Rückzug aus Afghanistan ließ schon so manches an Würdeverfall und Würdeverlust von der Ebene der nationalen Identität allgemein bis hin zu konkreten Auflösungserscheinungen auf der Ebene von Verlierergruppen und beschädigten Einzelschicksalen – versachlicht in der Kategorie der Ortskräfte – zutage treten. Eine ganz andere Dimension der Selbst- und Fremdentwürdigung hat aber nun der russische Krieg gegen die Ukraine eröffnet. Hier ist nun die Würde ihrer Stellung als unumstößliches Menschenrecht wie auch als in den sozialen Beziehungen umsetzbarer Anspruch auf Achtung und Autonomie in einer nicht mehr vorstellbaren Weise vollständig beraubt worden; schrumpfen Sakralität und Schutz des Lebens auf rühmende, anklagende oder zynische Verweise auf Gefallenen-, Vermissten- und Verwundetenstatistiken. Grundsätzlich scheint die Missachtung von „Beteiligtenwürde" in der Öffentlichkeit der westlichen Demokratien dann als legitim zu gelten, wenn dies die Angreiferseite betrifft. Des Weiteren scheinen in einer anachronistischen, humanitätsfernen Weise historisch begründete Gebietsansprüche – egal wie weit zurückliegend und wie entstanden – völlig ausreichend zu sein, um das Recht auf ein menschenwürdiges (Über)Leben anzuerkennen oder aber zu bestreiten.

Auf dieser Basis vollziehen sich derzeit tagtäglich Demütigung, Dehumanisierung, Schamlosigkeit, Erniedrigung in Form von Terror, Massakern, Anprangerung, Geständnissen, peinlichen Enthüllungen, Rechteentzug, Dauerpathos, Produktion von Unwahrheit, primitiven Legitimationsmanövern, verkrampften Versuchen der Gesichtswahrung. Angesichts dieser tragischen Wiederanerkennung des Krieges als legitimes oder schon normales Mittel der Verteidigung von Wohlstand, nationalem Zusammenhalt und des Überlegenheitsnachweises sich als demokratisch verstehender Herrschaft könnte und sollte der Würde als unverhandelbarem „Metawert" eine Frieden stiftende, einzig das Wohl der für das eine oder andere Kriegsziel rekrutierten und ideologisch doktrinierten Menschen verfolgende Funktion zukommen. Beschädigte Würde kann, das sollte im Sinne meines Einführungstextes zu sagen erlaubt sein, niemals durch „Gegenbeschädigung" geheilt werden.

Literatur

Adam-Paffrath, R. 2016. Würde und Demütigung aus der Perspektive professioneller Pflege. Bielefeld: Mabuse.
Andersson, S. und M Hitlin 2015. Dignity as moral motivation. The Problem of social order writ small. In: Order in the edge of chaos. Social psychology and the problem of social order, hrsg. von E.J. Lawler, S.R. Thye und J. Yoon, 268–285, Cambridge: Cambridge University Press.
Armaline, W., D. Glasberg und B. Purkayastha 2015. The human rights enterprise. Political sociology, state, power, and social movements. Cambridge-Malden: Polity Press.
Assmann, A. 2018: Menschenrechte und Menschenpflichten. Schlüsselbegriffe für eine humane Gesellschaft. Wien: Picus.
Bal, P.M. 2017. Dignity in the workplace. New theoretical perspectives. Cham: Palgrave Macmillan.
Berger, P. 1970. On the obsolence of the concept of honor. Europäisches Archiv für Soziologie 1, 339–347.
Benhabib, S. 2016. Kosmopolitismus ohne Illusionen. Menschenrechte in unruhigen Zeiten. Berlin: Suhrkamp.
Bieri, P. 2013. Eine Art zu leben. Über die Vielfalt menschlicher Würde, München: Hanser.
Blau, J. und A. Moncada 2013. In defence of societies. In: Making human rights intelligible. Towards a Sociology of human rights, hrsg. von R. Madsen und G. Verschraegen, 173–190. Oxford – Portland: Hart.
Blau, J. und L.E. Esparza 2016. Human rights. A primer. New York-London: Routledge.
Burawoy, M. 2015. Public Sociology. Öffentliche Soziologie gegen Markfundamentalismus und globale Ungleichheit. Weinheim-Basel: Belz Juventa.
Bourdieu, P. 1966. The sentiment of honor in Kabyle society. In: Honor and shame: the values of Mediterranian society, hrsg. von J.C. Peristiany, Chicago.
Bourdieu, P. u. a. 1997. Das Elend der Welt. Zeugnisse und Diagnosen alltäglichen Leidens an der Gesellschaft. Konstanz: UVK.
Boyer, A. 2021. Die Unsterblichen. Krankheit, Körper, Kapitalismus. Berlin: Matthes & Seitz.
Brunsma, D.L., K.E. Lyall Smith und B.K. Gran. 2013. Handbook of sociology and human rights. New York: Routledge.
Burkart, G. 2006. Beschämende Niederlagen. Die Scham des Boxers. Berliner Debatte Initial 17, 1/2, 105–116.

Chochinov, H.M. 2002. Dignity – conserving care in a new model for palliative care: helping the patient feel valued. Journal of the American Medical Association 287, 2253–2260.
Chochinov, H.M., 2017. Würdezentrierte Therapie – was bleibt an Erinnerungen am Ende des Lebens. Göttingen: Vandenhoeck & Rupprecht.
Darwall S. 2009. The second person standpoint: morality, respect, and accountability. Harvard: Harvard University Press.
Deutsche Gesellschaft für Patientenwürde 2021. Der Leitgedanke. https://www.patientenwuerde.de/.
Dworkin, R. 2012. Man kann auch ohne Würde leben. Cicero Online Magazin für politische Kultur. http://www.cicero.de//weltbuehne/man-kann-auch-ohne-wuerde-leben/52502. Zugegriffen: 01.03.2020.
Dylan, B. 2004. Lyrics 1962–2001. New York: Simon & Schuster.
Ellerbrock, D, und S. Fehlemann. 2014. Beschämung, Beleidigung, Herabsetzung: Invektivität als neue Perspektive historischer Emotionsforschung. In: Politische Bildung mit Gefühl, hrsg. von A. Besand, B. Overwien und P. Zorn, 90–104. Bonn: Bundeszentrale für politische Bildung.
Enhuber, T. 2010. Dynamics between bondage, identity and dignity, In: Humilization, degradation,dehumanization. Human dignity violated, hrsg. von P. Kaufmann, H. Kuch, C. Neuhäuser und E. Webster. 191–212. Dordrecht: Springer.
Enhuber. T. 2013. „Auf die Stirn geschrieben". Bonded labor in Indien 2013.Südasien 2014 (4), 18–26.
Eribon, D. 2016. Rückkehr nach Reims. Frankfurt/M.: Suhrkamp.
Esterhazy, P. 2017. Bauchspeicheldrüsentagebuch. Berlin: Hanser.
Feldmann, K. 2004. Tod und Gesellschaft. Sozialwissenschaftliche Thanatologie im Überblick. Wiesbaden: VS.
Fremuth, M.L. 2019. Menschenrechte. Grundlagen und Dokumente, Bonn: Bundeszentrale für politische Bildung.
Frevert. U. 2017. Die Politik der Demütigung. Schauplätze von Macht und Ohnmacht. Frankfurt/M.: Fischer.
Frevert, U. 2020. Mächtige Gefühle. Deutsche Geschichte seit 1900. Frankfurt M.: Fischer.
Frezzo, M. 2015. The sociology of human rights. An introduction. Cambridge-Malden: Polity Press.
Fukuyama, F. 2019. Identität. Wie der Verlust der Würde unsere Demokratie gefährdet. Hamburg: Hoffmann und Campe.
Fuller, R.W. und P.A. Gerloff. 2008. Dignity for all. How to create a world without rankism. San Francisco: Berrett-Koehler.
Garfinkel, H. 1956. Conditions of successful degradation ceremonies. American Journal of Sociology 61 (5), 420–424.
Geiger, A. 2011. Der alte König in seinem Exil. Müchen: Hanser.
Gilabert, P. 2018: Human dignity and human rights. Oxford Scholarship https://doi.org/10.1093/oso/9780198827221.001.0001.
Goffman, E. 1967. Stigma. Über Techniken der Bewältigung beschädigter Identität. Frankfurt/M.: Suhrkamp.
Goodheart, D. 2020. Head, hand, heart. The struggle for dignity and status in the 21stCentury. London: Allen Lane.

Greiner, B. 2021. Made in Washington. Was die USA seit 1945 in der Welt angerichtet haben. München: Beck.

Gröning, K. 2000. Entweihung und Scham. Grenzsituationen in der Pflege alter Menschen. Frankfurt/M.: Mabuse.

Gröschner, R., A. Kapust und O.W. Lembcke. Hrsg. 2013. Wörterbuch der Würde. München: Fink.

Habermas J. 2010. Das utopische Gefälle. Das Konzept der Menschenwürde und die realistische Utopie der Menschenrechte. Blätter für deutsche und internationale Politik 8, 43–53.

Hagan, J., H. Schoenfeld und A. Palloni. 2006. The science of human rights, war crimes, and humanitarian emergencies. Annual Review of Sociology 32, 329–349.

Haltaufderheide, J., J. Otte und P. Weber. Hrsg. 2019. Raum und Würde. Interdisziplinäre Beiträge zum Verhältnis von Normativität zur räumlichen Wirklichkeit. Bielefeld: transcript.

Hatter, N., U. Stößel, C. Meffelf, M. Körner, C. Bottata, G. Becker und H. Baumeister 2015. Was ist gutes Sterben? Begriffsbildung und Stand der Forschung. Deutsche Medizinische Wochenschrift, 140. 1296–301.

Hell, D. 2018. Lob der Scham. Nur wer sich achtet, kann sich schämen. Gießen: Psychosozial-Verlag.

Heintz, B. 2015. Die Weltgesellschaft und ihre Menschenrechte. In: Menschenrechte in der Weltgesellschaft. Deutungswandel und Wirkungsweise eines globalen Leitwerts, hrsg. von B. Heintz und B. Leisering, 21–64. Frankfurt-New York: Campus.

Hicks, D. 2011. Dignity. Its essential role in resoving conflict. New Haven und London: Yale University Press.

Hicks, D. 2018. Leading with dignity. How to create a culture that brings out the best in people. Yale. Yale University Press.

Himanen, P. 2014. Dignity as development. In. Reconceptualizing development in the global information age, hrsg. von M. Castells und P. Himanen, 296–325. Oxford: Oxford University Press.

Hitlin, S. und M. Andersson.2020. Social Psychology. In: Sociology for human rights. Approaches for applying theories and methods, hrsg. von D.L. Brusma, K.E. Iyall Smith und B.K. Gran, 65–74. New York-London: Routledge.

Hitzler, R. und L. Kotsch. 2013. Selbstbestimmung trotz Demenz? Weinheim: Beltz-Juventa.

Hochschild, A.R. 1990. Das gekaufte Herz. Zur Kommerzialisierung der Gefühle. Frankfurt/M.-New York: Campus.

Hodson, R. 2001. Dignity at work. New York: Cambridge University Press.

Honneth, A. 1994. Kampf um Anerkennung. Zur moralischen Grammatik sozialer Konflikte. Frankfurt/M.: Suhrkamp.

Horgan, A. 2022. Lost in work. Dem Kapitalismus entkommen. Wien-Hamburg: Edition Konturen.

Hübenthal, C. 2014. Human dignity: can an historical foundation alone suffice? From Joas'affirmative genealogy to Kierkegaards's leap of faith. In: The Cambridge Handbook of human dignity, hrsg. von M. Düwell, J. Braarvig, R. Brownsword und D. Mieth, 208–214. Cambridge: Cambridge University Press.

Hüther, G. 2018: Würde. Was uns stark macht – als Einzelne und als Gesellschaft. München: Knaus.

Immenschuh, U. und S. Marks. 2014. Scham und Würde in der Pflege. Ein Ratgeber. Frankfurt/M.: Mabuse.
Jacquet, J. 2015. Scham. Die politische Kraft eines unterschätzten Gefühls, Frankfurt/M: Fischer.
Joas, H. 1999: Die Entstehung der Werte, Frankfurt/M.: Suhrkamp.
Joas, H. 2015. Die Sakralität der Person. Eine neue Genealogie der Menschenrechte. Berlin: 2015.
Jacobson. N. 2012. Dignity and health. Nashville: Vanderbilt University Press.
Jacobson, N. 2009a. Dignity violation in health care. Health Research 19, 1536–1547.
Jacobson 2009b. A Taxonomy of dignity. A grounded theory study. BMC International Health and Human Rights 9 (3). https://doi.org/10.1177/1049732309349809.
Kamir, T. 2006. Honor and dignity in the film „Unforgiven": Implications for sociological theory. Law and Society Review 40 (1), 193–234.
Kastner, F. 2014. Soziologie der Menschenrechte. Zur Universalisierung von Unrechtserfahrungen in der Weltgesellschaft. Österreichische Zeitschrift für Soziologie 42, 217–236.
Kaufmann P., H. Kuch, C. Neuhäuser und E. Webster. Hrsg. 2011. Humilization, degradation, dehumanization. Dordrecht: Springer.
Keicher, R. und S. Gillich. Hrsg. 2014. Wenn Würde zur Ware verkommt. Soziale Ungleichheit, Teilhabe und Verwirklichung eines Rechts auf Wohnraum. Wiesbaden: Springer VS.
Klie, T. 1998. Menschenwürde als ethischer Leitbegriff für die Altenhilfe. In: Ethik in Gerontologie und Altenpflege, hrsg. von H. Blonski. Hagen: Kunz, 123–138.
Knausgard, K.O. 2007. Alles hat seine Zeit. München: Luchterhand Literaturverlag.
Knoblauch, H. und A. Zingerle. Hrsg. 2005. Thanatosoziologie. Tod, Hospiz und die Institutionalisierung des Sterbens. Berlin: Duncker & Humblot.
Köhler, A. 2016. Am Online-Pranger. Scham und Beschämung in Zeiten des Internet,In: Scham. 100 Gründe, rot zu werden, hrsg. von D. Tyradellis, 112–119, Göttingen. Wallstein.
Köhler, A. 2017. Scham. Vom Paradies zum Dschungelcamp. Springe: zu Klampen.
Kruse. A. 2021. Vom Leben und Sterben im Alter. Wie wir das Lebensende gestalten können. Stuttgart: Kohlhammer.
Landweer, H. 2006. Dimensionen der Macht im Gefühl der Scham. Zur Einführung. Berliner Debatte Initial 17, 77–83.
Lelord, F. und C. Andre'.2000. Die Kunst der Selbstachtung. Leipzig: Kiepenheuer.
Lindemann, G. 2013a. Menschenwürde – ihre gesellschaftsstrukturellen Bedingungen. In: Menschenwürde und Medizin. Ein interdisziplinäres Handbuch, hrsg. von C. Joerden, E. Hilgendorf und F. Thiele, 419–446, Berlin: Duncker & Humblot.
Lindemann, G. 2013b. Diesseitigkeitstheorie. In: Gröschner/Kapust/Lembcke. Wörterbuch der Würde, 64–66.
Lindner, E. 2005. Die Psychologie der Demütigung. Punktum. Fach- und Verbandszeitschrift des Schweizerischen Berufsverbandes für Angewandte Psychologie, März, 3–8.
Lindner, E., L.M. Hartling und U. Spalthoff. 2011. Human dignity and humiliation studies. A global network advancing dignity through dialogue. Policy Futures in Education 9 (1), 66–73.
Lindner, E. 2020. From humiliation to dignity: for a future of global solidarity. Lake Oswego, OR: Dignity Press.

Lucas, K. 2015. Workplace dignity: Communicating inherent, earned, and remediated dignity. Journal of Management Studies 52 (5), 621–645.

Lukes, S. E. 1999. Entwürdigung und Identitätspolitik. Deutsche Zeitschrift für Philosophie 47 (2), 313–324.

Margalit, A. 2012. Politik der Würde. Über Achtung und Verachtung. Frankfurt/M.: Suhrkamp.

Marks, S. 2010. Die Würde des Menschen oder der blinde Fleck in der Gesellschaft. Gütersloh: Gütersloher Verlagshaus.

Mayer-Ahuja, N. und O. Nachtwey. Hrsg. 2021. Verkannte Leistungsträger.innen. Berichte aus der Klassengesellschaft, Berlin: Suhrkamp.

Mieth, C. und O. Williams. 2021. Poverty, dignity, and the Kingdom of ends. In. Human dignty and the kingdom of ends. Kantian perspectives and practical implications, hrsg. von J.-W. van der Rijt und A. Cureton,206–223. New York: Routledge.

Mirzoev, T. und S. Kane. 2017. What is health systems responsiveness? Review of existing knowlegde and proposed conceptual framework. BMJ Glob Health 2017; 2:e000486. https://doi.org/10.1136/bmjgh-2017-000486.

Misztal B. 2012. The idea of dignity: its modern significance. European Journal of Social Theory 16 (1), 101–121.

Moyn, S. 2018. Not enough. Human rights in an unequal world. Cambridge, Mass.-London: Belknap Press.

Mulders, S. 2021. Würde und Armut. In: Handbuch Philosophie und Armut, hrsg. von G. Schweiger und C. Sedmak, 229–236, Stuttgart: J.B. Metzler.

Munk, T. 2013, Armut. In. Gröschner/Kapust/Lembcke, Wörterbuch der Würde, 346–347.

Müller, J. und C. Neuhäuser. 2011. Relative poverty. On a social dimension of dignity. In. Kaufmann/Kuch/Neuhäuser/Webster, Humilization, degradation, dehumanization, 159–172.

Müller, J. 2020. Globaler Hunger als Verletzung der menschlichen Würde. Zu den normativen Grundlagen einer moralischen Herausforderung. Berlin: J.B. Metzler.

Neckel. S. 1991. Status und Scham. Zur symbolischen Reproduktion sozialer Ungleichheit. Frankfurt/M. – New York: Campus.

Neckel, S. 2000. Achtungsverlust und Scham. Die soziale Gestalt eines existentiellen Gefühls. In. Ders., Die Macht der Unterscheidung, 92–109. Frankfurt/M. – New York: Campus.

Negt, O. 2020. Arbeit und menschliche Würde. Göttingen: Steidl.

Neuhäuser, C. 2018. Reichtum als moralisches Problem. Berlin: Suhrkamp.

Neuhäuser, C. 2019. Wie reich darf man sein? Über Gier, Neid und Gerechtigkeit. Stuttgart: Reclam.

Noll, A. 2006. Die Begründung der Menschenrechte bei Luhmann: Vom Mangel an Würde zur Würde des Mangels. Helbing Lichtenhahn: Basel.

Nordenfeldt, L. 2004. The varieties of dignity. Health Care Analysis 12 (2), 69–81.

Oliver, S. 2011. Dehumanization: perceiving the body as (in)human. In: Kaufmann/Kuch/Neuhäuser/Webster, Humilization, degradation, dehumanization 85–97.

Pierson, M. 2017. Humanistic mangement protecting dignity and promote well-being. Cambridge University Press.

Pleschberger, S. 2005. Nur nicht zur Last fallen. Sterben in Würde aus der Sicht alter Menschen in Pflegeheimen. Freiburg: Lambertus.
Poferl, A. 2016. Die Kosmopolitisierung von Sozialität. Zur Wahrnehmung globaler Probleme im Rahmen einer Kultur der Menschenrechte. In: Subjekt- Handeln- Institution.Vergesellschaftung und Subjekt in der Reflexiven Moderne, hrsg. von F. Böhle und W. Schneider, 188–213. Weilerswist: Velbrück.
Poferl, A. 2018. Cosmopolitan entitlements. The construction and constitution of human beings as human rights subjects. Transnational Social Review 8 (1), 79–92.
Poferl, A. 2019. Menschenwürde und Geschlecht. Aspekte einer Kosmopolitik des Sozialen. In. Verhandlungen des 39. Kongresses der Deutschen Gesellschaft für Soziologie in Göttingen 2018: Komplexe Dynamiken globaler und lokaler Entwicklungen, 1–12.
Poferl, A. 2020. Würde oder Humanität? Die Kosmopolitik des Sozialen. Soziale Welt, Sonderband 24. Soziologische Phantasie und kosmopolitische Gemeinwesen, 97–124.
Pollmann A. 2010. Unmoral. Ein philosophisches Handbuch. Von Ausbeutung bis Zwang, München: Beck.
Pollmann A. 2011. Embodied self-respect and the fragility of human dignity. A human rights approach. In: Kaufmann/Kuch/Neuhäuser/Webster, Humilization, degradation. dehumanization, 243–261.
Poo, A.-J. 2015. The age of dignity. Preparing for the elder boom in a changing America. New York-London: The New Press.
Reckwitz, A. 2019. Das Ende der Illusionen. Politik, Ökonomie und Kultur in der Spätmoderne. Berlin: Suhrkamp.
Reckwitz, A. und H. Rosa. 2021. Spätmoderne in der Krise. Was leistet die Gesellschaftstheorie? Berlin: Suhrkamp.
Rehbein. B. und J. Souza. 2014. Ungleichheit in kapitalistischen Gesellschaften, Weinheim-Basel: Beltz.
Reichhold, A. 2019. Kollektive Perspektiven der Empörung. Zeitschrift für Kultur- und Kollektivwissenschaft 5 (H. 2), 557–582.
Sayer A. 2007. Dignity and work. Broadening the agenda. Organization 14 (4). 565–581.
Sennett R. 2002. Respekt im Zeitalter der Ungleichheit. Berlin: Berlin Verlag.
Schaber, P. 2012. Menschenwürde. Stuttgart: Reclam.
Schaber, P. 2010. Human dignity, self-respect, and dependency. In: Kaufmann/Kuch/Neuhäuser/Webster, Humiliation, degradation, dehumanization, 151–158.
Scheffler, S. 2015. Der Tod und das Leben danach. Berlin: Suhrkamp.
Schreiber, M. 2013. Würde. Was wir verlieren, wenn sie verloren geht. München. DVA.
Schultheiss, F. und K. Schulz, Hrsg. 2005. Gesellschaft mit begrenzter Haftung. Zumutungen und Leiden im deutschen Alltag. Konstanz: UVK.
Schmetkamp, S. 2012. Respekt und Anerkennung. Münster: Mentis.
Schmidt, J., A. Niemeijer, C. Trappenburg und E. Tonkens. 2021.The dignity circle: how to promote dignity in social work practice and policy? European Journal of Social Work, 1–13.
Schneider, W. 2005a. Der „gesicherte" Tod. Zur diskursiven Ordnung des Lebensendes in der Moderne. In: Knoblauch/Zingerle, Thanatosoziologie, 55–80.

Schneider W. 2005b. Wandel und Kontinuität von Sterben und Tod in der Moderne – zur gesellschaftlichen Ordnung des Lebensendes. In: Über das Sterben. Entscheiden und Handeln am Lebensende, hrsg. von Bauernfeind, J. 30–54. München: W. Zuckschwerdt.

Schützeichel, R. 2018. Soziologie der Demütigung. Eine Forschungsnotiz. Zeitschrift für theoretische Soziologie 7 (1), 25–39.

Schützeichel, R. 2019. Demütigung, Anerkennung und sozialer Tod. In: Zwischen Leben und Tod, hrsg. von T. Benkel und M. Metzler, 243–268. Wiesbaden: Springer.

Selke, S. 2015. Schamland. Die Armut mitten unter uns. Berlin: Ullstein.

Selbstbestimmtes Leben im Pflegeheim. Die Würde des pflegebedürftigen Menschen in der letzten Lebensphase. 2021. Universität Augsburg: Zentrum für Interdisziplinäre Gesundheitsforschung.

Smith V. 2016. Dignity at work. Working with dignity: Reflections on three decades of field research. In: A Gedenkschrift to Randy Hodson, hrsg. von L.A. Keister und V.J. Roscigno, 31—55. Bingley: Emerald.

Sperling, G. 2021. Economics of dignity. New York: Random House.

Steinbrecher, M. 2019, Der Kampf um die Würde. Was wir vom wahren Leben lernen können. Freiburg: Herder.

Stoecker, R. Hrsg. 2003. Menschenwürde. Annäherung an einen Begriff.

Stöhr, R., D. Lohwasser, J. Noack Napoles, D. Burghardt, M. Dederich, N. Dziabel, M. Krebs und J. Zirfas 2019. Schlüsselwerke der Vulnerabilitätsforschung. Wiesbaden: Springer.

Tiedemann, P.2014. Was ist Menschenwürde? Eine Einführung, Darmstadt: Wissenschaftliche Buchgesellschaft.

Tiwari, A. und R. Sharma. 2019, Dignity and the workplace: Evolution of the construct and development of workplace dignity scale. Frontiers in Psychology. https://doi.org/10.3389/fpsychg.2019.02881.

Turner, B.S. 2006. Vulnerability and human right. University Park: The Pennsylvania State University.

Van Quabecke, N., D.C. Henrich und T. Eckhoff 2007. „It's not tolerance I'm asking for, it's respect". An conceptual framework to differentiate between tolerance, acceptance and (two types) of respect. Gruppendynamik und Organisationberatung 38 (H. 2). 185–200.

Von der Pfordten, D. 2016. Menschenwürde. München. Beck.

Waldron, J. 2007. Dignity and rank. Europäisches Archiv für Soziologie 68. 201–237.

Weber-Guskar. E. 2017. Menschenwürde. Kontingente Haltung statt absoluter Wert. In: Menschenwürde. Eine philosophische Debatte über Dimensionen ihrer Kontingenz, hrsg. von M. Brandhorst und Eva Weber-Guskar, 206–233. Berlin: Suhrkamp.

Welzer, H. und G. Friedmann. 2020. Zeitenwende. Der Angriff auf Demokratie und Menschenwürde. Köln: Kiepenheuer.

Woll- Schumacher, I. 1984. Sterben in Würde -ein Ergebnis sozialer Geborgenheit. Universitas 39, 915–925.

Woodiwiss, A. 2005. Human rights. London-New York: Routledge.

World Health Organization 2010. Monitoring the building blocks of health systems. A Handbook of indicators as their measurement strategies. Gent 2000: WHO.

Zawadski, M. 2018. Dignity in the workplace. The perspectives of humanistic management. Journal of Management and Business Administration. Central Europe, 26 (1), 171–188.

The manufacturer's authorised representative in the EU is Springer Nature Customer Service Centre GmbH, Europaplatz 3, 69115 Heidelberg, Germany. If you have any concerns regarding our products, please contact ProductSafety@springernature.com

Printed and bound by CPI Group (UK) Ltd, Croydon, CR0 4YY

23/03/2026

02076393-0011